# DOMINANDO O II V MENOR NA GUITARRA JAZZ

## O Guia Definitivo dos Solos de Bepop na Guitarra

### JOSEPH ALEXANDER

FUNDAMENTAL CHANGES

# Dominando o ii V Menor na Guitarra Jazz

## Domine a Linguagem dos Solos de Guitarra Jazz

Publicado por **www.fundamental-changes.com**

ISBN: 978-1-911267-22-5

Copyright © 2019 Joseph Alexander

Traduzido por: Anderson de Oliveira Elias Junior

Os direitos morais desse autor foram preservados.

**www.fundamental-changes.com**

Para Mais de 250 Aulas de Guitarra Com Vídeos Grátis, Acesse:

**www.fundamental-changes.com**

# Conteúdo

# Outros livros da Fundamental Changes

*O Guia Completo para Tocar Blues na Guitarra Livro Um: Guitarra Base*

*O Guia Completo para Tocar Blues na Guitarra Livro Dois: Frases Melódicas*

*O Guia Completo para Tocar Blues na Guitarra Livro Três: Além das Pentatônicas*

*O Guia Completo para Tocar Blues na Guitarra - Compilação*

*O Sistema CAGED e 100 Licks de Blues na Guitarra*

*Fundamental Changes na Guitarra Jazz: ii V I Maior*

*Solos na Guitarra: Jazz e Blues*

*Escalas de Guitarra Contextualizadas*

*Escalas de Guitarra Contextualizadas*

*Dominando Acordes De Jazz Na Guitarra (Acordes De Guitarra Contextualizados Parte Dois)*

*Técnica Completa Para Guitarra Moderna*

*Dominando a Guitarra Funk*

*Compilação Completa de Técnica, Teoria e Escalas na Guitarra*

*Dominando Leitura De Notação Na Guitarra*

*Guitarra Rock CAGED: O Sistema CAGED E 100 Licks Para Guitarra Rock*

*O Guia Prático de Teoria Musical Moderna para Guitarristas*

*Aulas de Guitarra Iniciante: O Guia Essencial*

*Chord Tone em Solos na Guitarra Jazz*

*Guitarra Solo Heavy Metal*

*Solos Exóticos com Pentatônicas na Guitarra*

*Guitarra Base Heavy metal*

*Voice Leading na Guitarra Jazz*

*Solos no Jazz Compilação Completa*

*Os Acordes de Jazz na Guitarra Compilação*

*Guitarra Blues Dedilhada*

*Pop E Rock Ukulele: Palhetada*

*Solos De Rock Melódicos Na Guitarra*

# Introdução

Faz mais de um ano desde que escrevi meu primeiro livro na Fundamental Changes sobre a progressão ii V I Maior. Nesse tempo, eu tenho sido surpreendido pelos amáveis comentários e críticas positivas, especialmente quando recebo cartas comoventes sobre os desafios pessoais que documentei na introdução. Tudo o que me propus a fazer foi escrever um método simples e passo a passo para aprendizagem de improvisação no jazz e fico emocionado com a resposta. Obrigado.

Nos e-mails que recebo, perguntam constantemente quando o material seguinte estará disponível. Muita gente pediu um livro que aplicasse o meu processo de pensamento na progressão ii V i menor (dois, cinco, um). Levei um ano, mas finalmente está aqui.

A teoria vai vir mais tarde, mas basta dizer que o ii V i menor é um papo muito diferente do ii V I maior, já que pode ser tratado de maneiras diversas. Ele pode ser visto como uma combinação de muitas escalas diferentes, por isso realmente há uma multiplicidade de abordagens que podem ser aplicadas a improvisação na sua estrutura. Eu sempre vou preferir a minha "primeira opção" de abordagem de solo para não afundar o leitor em teoria pesada. Assim como em meu primeiro livro de jazz, vou ajudá-lo a construir suas linhas de solo desde o início, focando na habilidade mais fundamental no jazz e bebop: a sólida compreensão e aplicação de arpejos e escalas de bebop adequadas.

Como já mencionado, a teoria às vezes pode ficar um pouco complicada, então eu sempre vou resumir um conceito antes de mergulhar em uma explicação profunda. Dessa forma, você pode começar a tocar logo se quiser ignorar a teoria.

Finalmente, recomendo a leitura de meu primeiro livro, Fundamental Changes na Guitarra Jazz, antes de mergulhar neste. Muitos dos conceitos aqui são discutidos em um nível mais básico.

# Obtenha o Áudio

Os arquivos de áudio desse livro estão disponíveis para download gratuito em **www.fundamental-changes. com** e o link está no canto superior direito. Apenas selecione o título do livro no menu e siga as instruções para baixar os áudios.

Nós recomendamos que você baixe os áudios diretamente para seu computador em vez do seu tablet, e transfira-os para lá depois de adicioná-los à sua galeria de mídia. Então, você pode colocá-los no seu tablet, iPod ou gravá-los em um CD. Na página de download, há um PDF para ajudá-lo e nós também oferecemos suporte técnico através do formulário de contato.

**Kindle / eReaders**

Para aproveitar ao máximo esse livro, lembre-se de que você pode clicar em qualquer imagem para ampliá-la. Desligue o bloqueio de "rotação de tela" e segure seu kindle em formato paisagem.

# Como Aprender Solos de Jazz na Guitarra

A guitarra pode ser um instrumento complicado para aprender. Não só temos que aprender as mesmas escalas, arpejos e acordes de outros instrumentos, como muitas vezes acabamos aprendendo cada escala em muitas formas diferentes. Isso é em si muito trabalho e, embora seja de grande importância, pode nos distrair de nosso principal objetivo: fazer música.

A música é feita de sons não de formas no braço da guitarra, por isso eu ensino guitarra jazz focando primeiro em uma única posição do braço em uma tonalidade. Pense nisso: uma oitava em música realmente é uma grande distância. Duas oitavas é enorme. Em uma posição na guitarra podemos facilmente cobrir duas oitavas. Se seu público fechar os olhos, quantos saberiam a posição que você está tocando?

Embora a fluência por todo o braço da guitarra seja nosso objetivo a longo prazo, acredito que devemos sempre treinar nossos ouvidos primeiro e nos preocupar com as idiossincrasias do nosso instrumento mais tarde. Nosso principal objetivo é fazer e tocar música o mais rápido possível e remover a distração de diversas formas nos ajuda a fazer isso.

Quando você estiver familiarizado com os conceitos e sons deste livro, *por favor,* explore outras posições e tonalidades na sua guitarra. Há orientações sobre isso no capítulo final e algumas recomendações.

Finalmente, *toque*! Encontre algumas faixas de temas de jazz no YouTube ou, melhor ainda, forme uma banda! Essa é a parte assustadora, mas se você estiver com as pessoas certas, não há nenhum julgamento negativo, apenas encorajamento mútuo. Além disso, é divertido e vai te ensinar mais do que eu jamais poderia em um livro. Há uma lista de músicas no livro que fazem excelente uso da progressão ii V i menor. Aprenda todas.

Se estiver em dúvida, confie em seus ouvidos.

Divirta-se e lembre: se você estiver com medo demais para tocar uma nota errada, você realmente não está se esforçando. ;-)

Todos os exemplos em áudio, deste livro, estão disponíveis para *download gratuito* em

**www.fundamental-changes.com/audio-downloads**

# Entendendo a Progressão ii V i Menor

A progressão de acordes *ii V i menor* é vista por músicos de jazz como derivada da Escala Menor Harmônica. No entanto, assim como com muitas coisas na música, há algumas alterações *convencionais* que muitas vezes são usadas para fazer as coisas soarem um pouco mais doces aos ouvidos ocidentais.

Se você leu meu primeiro livro, o ii V I Maior para Guitarra Jazz, você sabe que esta progressão de acordes é chamada de "ii V I" porque nós estamos usando o 2º, 5º e 1º acordes da escala harmonizada. Nesse caso, usamos a escala harmonizada da Harmônica *Menor*, por isso, ii V i *menor*.

Para explicar melhor isso e tornar o conceito mais claro, vamos dar uma olhada na teoria de acordes por trás da progressão de acordes ii V I em relação a escala harmônica menor.

Aqui está a escala de D menor harmônica:

**Exemplo 1a.**

Toque essa escala e sinta o clima do som. É a base do ii V i menor.

Agora, nós podemos harmonizar (construir acordes) a 2ª, 5ª e 1ª notas da escala:

**Exemplo 1b.**

Os diagramas de acordes, na parte superior da linha, não são idênticos a notação, no entanto, eles são boas aberturas na guitarra para os acordes que formamos.

O 2º grau (ii) harmonizado da escala de "D" menor harmônica (E) forma um acorde *menor 7b5* que pode ser tocado assim na guitarra:

Em7b5

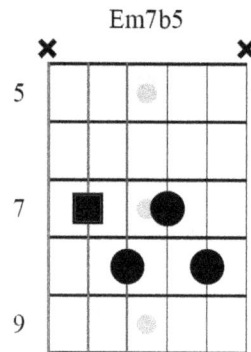

O acorde construído sobre a primeira (i) nota (grau) da escala é um acorde menor / com *7ª* maior. Você pode não estar familiarizado com esse acorde até agora, mas é possível pensar nele como uma tríade menor (D F A) com um sétima *maior* ou *natural* adicionada (C#).

Isto pode ser tocado assim:

DmMaj7

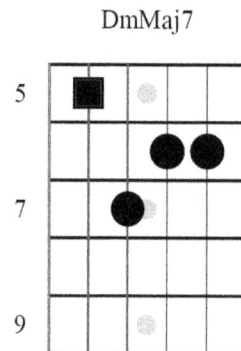

(Começando no dedo do baixo: 1, 4, 2, 3.)

O acorde V ou *dominante* é A7 e, por enquanto, vamos usar essa forma de acorde:

A7

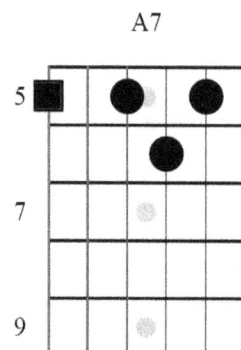

Quando usamos esses acordes na progressão menor ii V I, temos a sequência de acordes mostrada no **exemplo 1c:**

| ii | V | i |
|---|---|---|
| Em7b5 | A7 | Dm(maj7) |

```
T  8      5      6    (6)
A  7      6      6    (6)
B  8      5      7    (7)
   7      5      5    (5)
          5
```

Esse é um ii V i menor em sua forma mais pura. Para dar a descrição completa, a progressão de acordes é:

**ii(m7b5) – V(7) – i(min/maj7)**

É de perder o ar, por isso normalmente só usamos a frase "ii V i menor" para descrever a sequência acima.

Perceba que para no "ii" e "i" usamos *minúsculas* em numerais romanos. É a convenção em música usar letras minúsculas para acordes menores e letras maiúsculas para designar acordes maiores, por isso "V7" e *não* "v7".

Quando você toca essa progressão de acordes, percebe que o acorde Dm/Maj7 parece tenso e bastante não resolvido? Normalmente, o acorde tônica em uma progressão atua como uma espécie de parada musical, mas essa tensão inerente ao acorde m/Maj7 não permite isso.

Frequentemente, os músicos não usam os acordes menores ou maiores como um ponto de resolução em uma progressão de acordes. Você *realmente* vê o acorde menor ou maior com sétima sendo usado, mas, para dar um chute, eu diria que apenas cerca de 20% do tempo. A maioria das progressões de acordes ii V i menor, normalmente, irá substituir o acorde menor ou menor 7 pelo acorde tônica m/Maj7.

Isso apresenta alguns pequenos desafios para os solos que serão discutidos mais tarde, mas por enquanto a progressão ii V i menor que estudaremos nesse livro, é esta:

## Exemplo 1d:

| ii | V | i |
|---|---|---|
| Em7b5 | A7 | Dm7 |

```
T  8      5      6    (6)
A  7      6      5    (5)
B  8      5      7    (7)
   7      5      5    (5)
          5
```

Uma composição notável que *faz* uso do acorde m/Maj7 como resolução para uma progressão ii V i é Solar, de Miles Davies. A abertura do Dm7, no exemplo acima, é a seguinte:

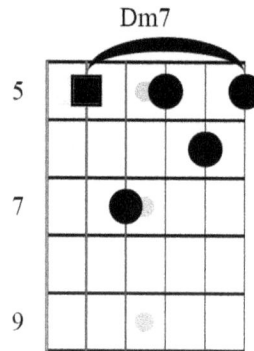

Os desafios de solos que mencionei, ocorrem porque o acorde final de Dm7 *não* veio da mesma escala "matriz" de D Menor Harmônica da qual os acordes ii e V são derivados. (Se você se lembra, esperávamos um acorde m/Maj7).

Isso significa que teremos que ajustar nosso pensamento ligeiramente quando solamos sobre o acorde de Dm7. Tudo isso será abordado em capítulos posteriores e é uma parte importante do clima do ii V i menor.

Por enquanto, tenha certeza que você consegue tocar os acordes junto com a faixa de fundo um.

Comece tocando cada acorde em um tempo do compasso.

Em seguida, tente tocar nos tempos 1 e 3 de cada compasso.

Você também pode tocar apenas nos tempos 2 e 4 de cada compasso.

Finalmente, tente tocar o ritmo a seguir para tornar a música viva:

Exemplo 1e:

Antes de passar para o próximo capítulo, esteja certo de que você consegue mudar de forma limpa entre os acordes com as faixas de fundo em tempo lento, médio e rápido.

## O Princípios Básicos dos Solos com ii V i Menor

Um grande erro que muitos guitarristas cometem é abordar a improvisação do jazz através de escalas.

A linguagem primitiva do jazz foi desenvolvida nos instrumentos de marcha como trombones, trompetes e clarinetes. Esses instrumentos são extremamente bons para tocar linhas musicais rápidas com arpejos, por isso para desenvolver a compreensão adequada e consciência auditiva do gênero, deve-se sempre trabalhar na perspectiva de arpejos e não escalas.

Mais tarde, nós usaremos escalas para "preencher as lacunas", mas é essencial por enquanto que nosso vocabulário e conceitos musicais sejam construídos a partir de uma base sólida de arpejos.

É justo dizer que muitos solos de jazz são formados a partir de arpejos com os espaços preenchidos com notas da escala e notas de aproximação cromática.

Infelizmente para nós, como guitarristas, os arpejos são mais complicados de tocar do que as escalas em nosso instrumento. Este é um dos desafios que temos de superar em nosso caminho para aprender a linguagem do jazz. As formas se tornarão confortáveis mais rápido do que você pensa, por isso eu recomendo que você vá devagar e persevere nos arpejos que pareçam estranhos no início.

### O que é um Arpejo?

Um arpejo consiste nas notas de um acorde tocadas sequencialmente em vez de simultaneamente. Você provavelmente está familiarizado com o conceito de nomear as notas dos acordes como *tônica, 3ª, 5ª e 7ª*. Elas são chamadas assim por causa da maneira que formamos os acordes "saltando" as notas de uma escala matriz.

Vamos começar aprendendo os arpejos corretos que cabem sobre cada acorde na progressão ii V i menor.

Sobre o acorde de Em7b5, tocamos um arpejo de Em7b5. (Fórmula 1 b3 b5 b7)

Sobre o acorde de A7, tocamos um arpejo de A7. (Fórmula 1 3 5 b7)

Sobre o acorde de Dm7, tocamos um arpejo de Dm7. (Fórmula 1 b3 5 b7)

Na notação, esses arpejos podem ser tocados da seguinte forma:

**Exemplo 2a**, Arpejo de Em7b5:

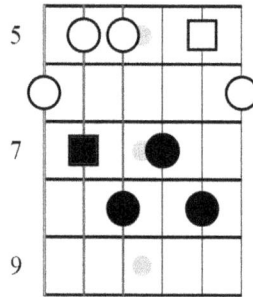

Em7b5 Arpeggio

Observe que os pontos pretos preenchidos na forma do arpejo formam o acorde de Em7b5, que você aprendeu no capítulo anterior. A notação na tablatura acima começa na tônica marcada com um quadrado (E). Por enquanto, você não precisa tocar as duas notas mais graves no diagrama do braço.

**Exemplo 2b**, Arpejo A7:

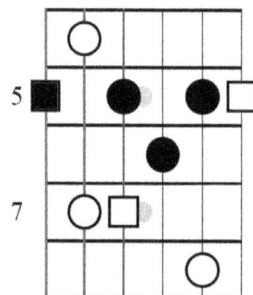

A7 Arpeggio

Novamente, aqui os pontos preenchidos são do acorde de A7, que você aprendeu anteriormente.

**Exemplo 2c**, Arpejo de Dm7:

Dm7 Arpeggio

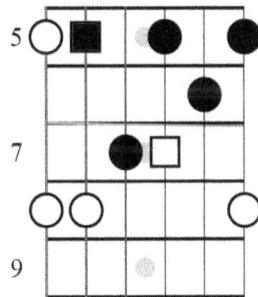

Outra vez, veja que os pontos preenchidos são a forma de acordes já vistos e as notas do arpejo são colocadas ao redor. Comece pela tônica do quadrado e ignore as notas na corda do baixo, nesse momento.

Vamos começar nos familiarizando com as relações entre os acordes e arpejos. Toque os acordes como mostrados nos pontos sólidos e depois toque o arpejo relacionado. Faça isso com todos os três acordes.

Lembre-se, os arpejos são apenas as notas dos acordes tocadas consecutivamente.

Quando você estiver perto de ter todos os três arpejos memorizados, ao redor de cada acorde, tente o seguinte exercício com a faixa de fundo 1. Nós vamos tocar *só* a tônica de cada acorde/arpejo sobre a faixa de fundo.

**Exercício 2d:**

Embora esse exercício possa parecer simplista a princípio, conhecer e ouvir onde está a tônica é absolutamente essencial para solar com segurança. Observe que no segundo compasso de Dm7, eu toquei a oitava mais aguda da tônica de D. Tente essa ideia em cada compasso da seguinte maneira:

**Exercício 2e:**

Toque novamente com as notas em cada compasso invertidas, assim você estará na tônica mais aguda primeiro. Nessa posição, há notas tônica sobre três oitavas no arpejo de A7. Você consegue encontrá-las?

Vamos seguir, repetindo o exercício, mas adicionando a *3ª* de cada arpejo:

**Exercício 2f:**

Novamente, inverta as sequências de notas em cada compasso a fim de tocar a 3ª e depois a tônica. Em seguida, toque os mesmos intervalos na oitava mais aguda.

**Exercício 2g:**

Lembre-se de inverter as notas também para tocar a 3ª da oitava mais alta e *depois* a tônica.

Exercícios como esses são extremamente importantes para ensiná-lo como começar suas linhas a partir de notas diferentes da tônica, eles aumentam sua visão e consciência auditiva na guitarra.

Em seguida, acrescentamos a 5ª à tônica e à 3ª:

**Exercício 2h:**

Pratique mais uma vez, invertendo a ordem das notas em cada compasso, para tocar os intervalos de 5ª, 3ª, tônica e, em seguida, repita os dois exercícios na oitava mais aguda.

Finalmente, vamos tocar todas as quatro notas de cada arpejo, tônica, 3ª, 5ª e 7ª.

**Exercício 2i:**

Toque esses padrões na oitava mais aguda também, e se você ficar sem notas, apenas mova-se na direção contrária. Lembre-se de praticar cada compasso descendente a partir da 7ª de cada acorde:

**Exercício 2j:**

A habilidade de reproduzir o arpejo adequado sobre cada acorde é um grande passo no caminho para dominar qualquer progressão de jazz. Não apenas melhorando suas habilidades na guitarra, mas também seus ouvidos.

Veja essa etapa como um aprendizado de onde estão as notas fortes da progressão. Se você sempre conseguir ouvi-las e encontrá-las em sua guitarra, você sempre será capaz de resolver qualquer linha que estiver tocando se confiar em seus ouvidos.

Pratique essas ideias com todas as três faixas de fundo de ii V i menor em D – a lenta, média e rápida –, para aumentar sua competência e habilidade técnica. Ao ficar mais confiante, volte para a faixa de fundo mais lenta e domine os seguintes desafios:

Tocar apenas a 3ª de cada acorde. (Faça isso na oitava grave, na mais alta e em ambas, respectivamente).

Tocar apenas a 7ª de cada acorde.

Tocar apenas a 5ª de cada acorde.

Tocar a 3ª e, em seguida, a 7ª (primeiro na oitava grave, depois, na oitava alta, finalmente, toque ambas as notas juntas como um acorde).

Tocar a 7ª e, então, a 3ª.

Tocar as notas do arpejo na ordem de 3, 5, 7, 1.

Tocar as notas do arpejo na ordem de 5, 7, 1, 3.

Tocar as notas do arpejo na ordem de 7, 1, 3, 5.

Tocar as notas do arpejo na ordem de 7, 5, 3, 1.

Tocar as notas do arpejo na ordem de 3, 1, 7, 5.

Não avance para o próximo capítulo até que você esteja muito confortável com, pelo menos, os primeiros cinco exercícios na lista acima. O exemplo, a seguir, é a resposta ao primeiro desafio na oitava mais grave, mas deliberadamente não foram dadas as respostas para o resto. Isso é para ajudá-lo a melhorar sua visão, habilidades auditivas e consciência do braço independentemente.

18

Embora possa parecer difícil a princípio, persista e trate os desafios como uma pequena "pedra no caminho". O tempo investido nisso vai te beneficiar para o resto da sua vida como guitarrista de jazz.

**Exercício 2k:**

## Tocando as Progressões com Conexões de Arpejos

No capítulo anterior, estudamos como usar arpejos apropriados para *realçar* as progressões de acordes sobre as quais estamos solando. Em cada vez, começamos pela mesma nota do arpejo previamente definido em cada acorde, por exemplo, a 3ª de Em7b5, a 3ª de A7 e, em seguida a 3ª de Dm7. Essa é uma habilidade extremamente importante de se praticar porque nos ensina onde estão as notas fortes de resolução do arpejo em cada acorde. Praticar dessa forma, no entanto, obriga-nos a saltar pelo braço sempre que o acorde muda.

Agora, vamos estudar como juntar arpejos usando o conceito de "nota mais próxima". Em vez de saltar para uma nota definida, quando mudamos de acorde, vamos agora passar para a nota mais próxima no novo arpejo. Estude o **exemplo 3a:**

Essa linha começa com o arpejo de Em7b5 ascendente a partir da tônica. Quando o acorde muda para A7, em vez de saltar para a tônica do A7, vamos para a nota mais próxima do arpejo de A7 – nesse caso, a 3ª (C#).

De lá, continua a subida e quando é hora de mudar para Dm7, eu aponto novamente para a nota mais próxima do arpejo de Dm7 (F), que está localizado no 6º traste da segunda corda. Para terminar, eu desço o arpejo de Dm7.

Essa é apenas uma entre diversas permutações disponíveis quando mudamos de acordes. Por exemplo, na hora de mudar para o arpejo de A7, não há nenhuma necessidade de continuar subindo para notas agudas:

**Exemplo 3b:**

Nesse exemplo, eu começo da mesma forma e mudo para o arpejo de A7 no mesmo lugar, mas em seguida *desço* o arpejo de A7, criando uma linha completamente nova de jazz. Enquanto o acorde muda para Dm7, eu saio da *5ª* do acorde de A7 para a *b3ª* do arpejo de Dm7. Esse movimento de semitom é extremamente forte melodicamente. Tente tocar os dois exemplos anteriores com e sem uma faixa de fundo. Você deve ser capaz de *ouvir* os acordes mudarem internamente, mesmo quando não estiver tocando com a faixa de fundo.

É claro que podemos começar a partir de qualquer ponto no arpejo. A linha seguinte começa a partir da *b3ª* do acorde de Em7b5.

**Exemplo 3c:**

Você percebeu como eu posso usar uma sequência melódica e *ainda* ter como alvo a nota do arpejo mais próxima em cada mudança de acorde?

Aqui está outra linha ascendente a partir do mesmo lugar:

**Exemplo 3d:**

A linha acima vai do *b3* de Em7b5 e vai para o *b7* de A7, antes de se resolver no *b3* de D menor.

Nossas linhas podem começar com ideias descendentes também, como mostrado no **exemplo 3e:**

O exemplo 3e desce do *b5* do acorde Em7b5, atinge a *3ª* de A7 e se resolve um semitom acima no *b3* de Dm7. Ao mudar para Dm7, eu poderia ter parado na tônica do acorde, no entanto, parar na tônica no tempo um pode parecer um ponto final no solo. Muitas vezes é melhor apontar para um tom diferente do arpejo como para dar energia ao prosseguimento da linha melódica.

Tire uns dias para deixar os dedos vagarem pelas formas dos arpejos, sempre procurando o link melódico mais próximo para o próximo acorde.

A maneira mais eficiente e eficaz de explorar como as notas se alteram sobre as progressões de acordes é dividir a guitarra em grupos de duas cordas e praticar solos usando *apenas* esses grupos. Por exemplo, você pode limitar-se a usar apenas as cordas um e dois, dois e três, três e quatro, quatro e cinco ou cinco e seis.

Aqui estão apenas algumas permutações, usando somente a primeira e a segunda cordas:

**Exemplo 3f:**

Em7♭5      A7      Dm7

TAB: 6 — 8 — 5 — 8 | 5 — 8 — 5 — 8 | 5 — 6 — 5 — 8 | 5

**Exemplo 3g:**

Em7♭5      A7      Dm7

TAB: 6 — 8 — 5 — 8 | 8 — 5 — 8 — 5 | 6 — 5 — 8 — 5 | 6

**Exemplo 3h:**

Em7♭5      A7      Dm7

TAB: 5 — 5 — 8 — 6 | 5 — 5 — 8 — 5 | 6 — 6 — 5 — 8 | 5

Continue explorando essas ideias com restrições de movimento até sentir que esgotou as possibilidades. Tente repetir as notas individualmente ou usando saltos e padrões melódicos. Somente quando você não conseguir pensar em mais maneiras de mover-se entre as notas mais próximas na progressão de acordes, passe para o grupo da segunda e terceira cordas.

Em breve, você terá memorizado todos os movimentos nessa posição com seus dedos e ouvidos.

Ao ganhar mais confiança, através desse procedimento, pratique com os diferentes ritmos nas três faixas de fundo. Também tente os exercícios só com um metrônomo para ver se você consegue ouvir os acordes mudarem enquanto estiver tocando apenas a melodia.

Observe que algumas das notas do arpejo são *comuns* aos dois acordes adjacentes. Você pode querer evitar a repetição da mesma nota sobre uma mudança de acordes no começo, mas depois vai perceber que essas *notas comuns* podem se tornar um dispositivo melódico muito forte e útil.

# Notas de Aproximação Cromática

Notas de aproximação cromática merecem um livro inteiro. Elas formam um tópico enorme e podemos explorar só a ponta do iceberg aqui.

Uma explicação grosseira seria dizer que "as notas da melodia que caem *nos tempos fortes* devem ser de notas dos acordes e as notas que estão *entre* as batidas fortes devem ser notas da escala ou notas de aproximação cromática".

Embora a mais rasa investigação dessa afirmação sirva para mostrar que ela é falsa em muitos casos, esse é um ponto de partida útil para aprender um dos conceitos mais importantes no jazz.

Iremos explorar o uso de *notas da escala* em um capítulo posterior, mas, por enquanto, vamos examinar o conceito de inserção de *notas de aproximação cromática* antes de notas ritmicamente fortes do acorde.

Uma nota de aproximação cromática pode ser qualquer nota usada para chegar na nota alvo a partir de um semitom. Notas de aproximação cromática estão sempre *fora* da escala dominante ou harmonia, mas, às vezes, notas que estão na escala são tratadas da mesma forma que notas de aproximação cromática.

Estude o **exemplo 4a:**

No tempo quatro do primeiro compasso, eu toquei a nota C natural, que está um semitom abaixo do C# que eu quero atingir no compasso dois. (C# é a 3ª de A7). Esse C natural não tem nada a ver com a harmonia principal, por isso que eu o coloco em uma parte *fraca* do compasso e resolvo-o em uma nota *forte* do arpejo no compasso dois. Isso gera um efeito extremamente melódico e agradável.

Eu posso usar o mesmo conceito à medida que avançamos no terceiro compasso. Olhe **o exemplo 4b:**

Mais uma vez, coloquei uma nota cromática no tempo quatro do compasso. Dessa vez, você poderia dizer que a nota é uma verdadeira *nota de passagem cromática* porque a melodia entre os acordes de A7 e Dm7 ascende (G, G#, A).

É completamente aceitável que a nota de passagem cromática seja tirada de fora da tonalidade, porque ela é tocada em um tempo fraco e se resolve convincentemente na nota forte do arpejo no compasso seguinte.

O **exemplo 4C** é outra ideia cromática que começa a partir do b3 de Em7b5 e usa uma nota de passagem cromática ascendente entre cada acorde:

Notas cromáticas não precisam estar *entre* as duas notas em questão. Podemos nos aproximar de *qualquer* nota do arpejo a partir de um semitom abaixo, desde que a nota cromática esteja em um tempo fraco.

Essas notas são mais precisamente chamadas de *notas de aproximação cromática*. O **exercício 4d** é um exemplo de uma nota de aproximação cromática vinda de baixo.

Como você pode ver, essa linha "salta" para uma nota um semitom abaixo de cada uma das duas primeiras alterações de acordes. Novamente, como isso ocorre em um tempo fraco e se resolve em notas dos acordes no próximo compasso, nossos ouvidos aceitam a dissonância momentânea. No compasso três, eu uso uma nota de passagem cromática *verdadeira* na mudança para a segunda oitava do arpejo de Dm7.

Podemos também aproximar um acorde a partir de um semitom acima, como no **exercício 4e:**

Entre os compassos um e dois, eu uso uma nota cromática de aproximação a partir de baixo, mas entre os compassos dois e três, eu uso uma nota de aproximação a partir de cima.

Uma ótima maneira para treinar como explorar ideias de aproximação cromática é tocar três semínimas no compasso e, em seguida, tocar um padrão em colcheias no tempo quatro. O **exercício 4f** demonstra essa ideia usando um conceito conhecido como "encaixotamento" (em inglês, "*boxing*"):

Como eu mencionei, notas de aproximação cromática são um tema extremamente extenso, mas tentei mostrar algumas das abordagens mais comuns para "preencher as lacunas" entre as mudanças de acordes. Essas ideias serão utilizadas repetidamente neste livro e formam um bom vocabulário musical de jazz.

Assim como elas são um dispositivo melódico, notas de aproximação cromática também são um dispositivo rítmico que pode ser usado para "preencher uma lacuna" entre duas notas adjacentes, ajudando a "forçar" uma nota do arpejo em um tempo mais forte. Veremos essa ideia em capítulos posteriores.

Finalmente, vamos estudar uma linha extremamente cromática que lhe dará uma ideia de quão longe esses conceitos podem ser levados. **Exemplo 4g:**

Em vez de circular as notas que são alterações cromáticas, dessa vez eu destaquei apenas as notas dos acordes. Como você pode ver, a maior parte da linha é composta por notas de aproximação cromática, tendo ainda como alvo as notas fortes do acorde na maioria dos tempos.

As quatro primeiras notas do exercício anterior formam um padrão útil, chamado de "dupla cromática acima, dupla cromática abaixo". A nota alvo do Em7b5 está "cercada" entre as duas notas de aproximação cromática em ambos os lados.

Passe por um compasso por vez e "extraia" as ideias cromáticas usadas. Veja se você consegue aplicá-las em um acorde. Por exemplo, tente mirar cada nota de um acorde de A7 a partir de um semitom abaixo, como mostrado no Dm7 do compasso acima. Não se preocupe com o ritmo nesta etapa. Só explore as possibilidades cromáticas ao máximo.

## Arpejos Estendidos 3-9

Uma das maiores inovações no período do bebop, foram os arpejos que não começam a partir da tônica do acorde. Em vez de tocar a partir da tônica, os músicos de jazz usam frequentemente arpejos que começam na 3ª do acorde. Através da construção de um novo arpejo de quatro notas a partir da 3ª de um acorde, duas coisas acontecerão:

1) Nós estenderemos os arpejos até a *9ª* da escala/acorde.

2) Evitamos tocar a tônica.

Quando tocamos a 9ª de um acorde, adicionamos riqueza e estilo em nossa linha melódica. Essa nota pode deixar nossas melodias com mais profundidade e ajudar a evitar que criemos nossos solos apenas com as notas do acorde sobre o qual estamos tocando.

Quando estamos tocando com uma banda, é normal que um outro instrumento toque a tônica do acorde sobre o qual estamos solando. No entanto, mesmo quando tocamos guitarra desacompanhados, nossos ouvidos podem magicamente preencher a lacuna nas harmonias, quando não incluímos a tônica.

Toque algumas das linhas do capítulo anterior sem a faixa de apoio. Mesmo que você não toque a nota do baixo na progressão, você ainda pode *ouvir* as mudanças enquanto sola. Devido a isso, não há normalmente nenhuma necessidade real para enfatizarmos a tônica de um acorde quando solamos.

# Formando arpejos 3-9

**Estude o Exemplo 5a:**

Os dois primeiros compassos mostram uma escala menor de D *natural* com as notas do arpejo de Dm7 marcadas. É assim que o arpejo é *extraído* da escala. Começamos na tônica, ignoramos a 2ª, tocamos a 3ª, ignoramos a 4ª, etc. As notas de arpejo que tocamos em capítulos anteriores estão isoladas no compasso 3.

No **exemplo 5b**, repeti exatamente o mesmo processo, no entanto, dessa vez, eu comecei meu arpejo de quatro notas no b3 de Dm7, (F).

**Exemplo 5b:**

Subindo quatro notas no arpejo de F, meu novo arpejo adiciona a nota E (9ª) e evita a nota D (tônica).

Podemos formar arpejos estendidos 3-9 sobre qualquer acorde, desde que saibamos a qual escala *matriz* pertence o acorde. Nesse caso, estamos usando D menor natural, conforme descrito no capítulo 3.

Esse é o diagrama do braço para nosso novo arpejo 3-9:

**Exemplo 5c:**

Dm7 Arpeggio b3-9
Dm7
Dm7

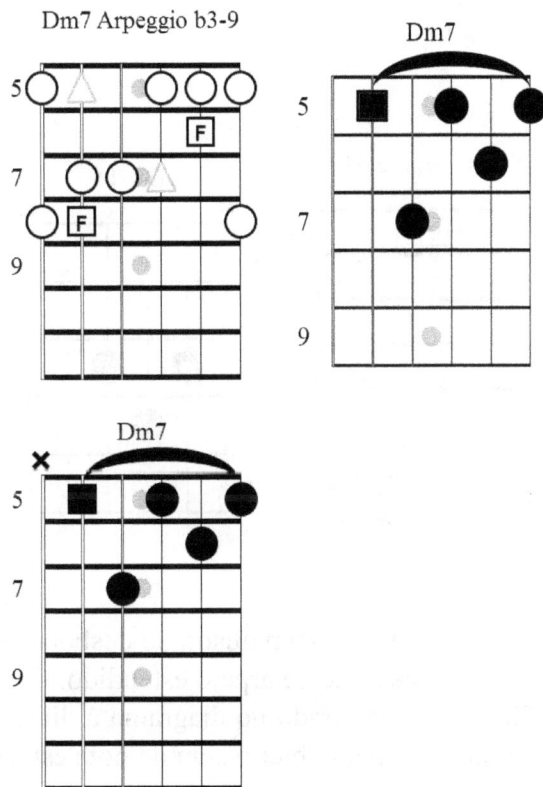

Como você pode ver, as notas "D" estão mostradas nos triângulos para ajudá-lo a aprender esse arpejo ao redor do acorde de Dm7 original, mas *elas NÃO são tocadas nesse arpejo!* Inicie o arpejo na nota "F", usando seu dedo 4 e começando a tocar desde uma tônica até a seguinte. Aprenda a vê-lo ao redor do acorde de Dm7 que está ao lado dele.

Aprenda esse arpejo sobre e ao redor do acorde de Dm7 (trilha 9 das faixas de fundo). Absorva esse som em seus ouvidos e tente fazer música com ele.

O mesmo conceito pode ser aplicado aos acordes de Em7b5 e A7, embora, como você aprendeu, as notas nesses acordes derivem da *escala de D Menor Harmônica.*

Veja o **exemplo 5d:**

O primeiro compasso no exemplo 5d mostra nosso arpejo de Em7b5 original. Compare isso com o arpejo mostrado no segundo compasso.

Você percebe que comecei na nota G (b3) e continuei no arpejo? Ambos os arpejos têm 3 notas em comum, mas esse arpejo b3-*b9* agora inclui a nota "F", substituindo a tônica "E".

O **Exemplo 5e** mostra o diagrama de dedilhado para esse arpejo b3-b9:

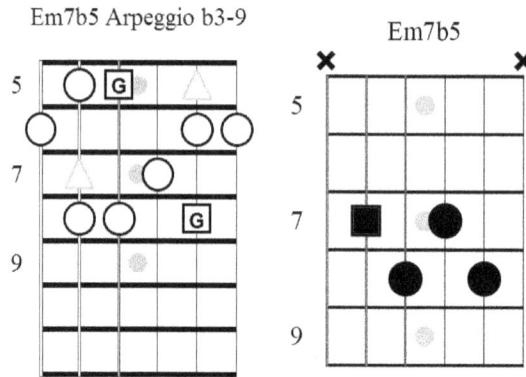

Em7b5 Arpeggio b3-9      Em7b5

Mais uma vez, o acorde tônica (E) é mostrado como um quadrado desbotado para ajudá-lo a ligar esse padrão ao acorde Em7b5 original, mas ele *não* é tocado nesse arpejo estendido. Comece na nota G e aprenda o novo arpejo em torno do acorde de Em7b5, que é mostrado no diagrama à direita. Pratique esse arpejo estendido sobre uma base em Em7b5 (faixa de fundo 8) para obter o som da nota estendida "b9" em seus ouvidos.

Finalmente, vamos repetir o processo com nosso acorde V, o A7.

**Exemplo 5f:**

Aqui você vai notar que a 9ª no arpejo estendido está um semitom abaixo. Você *pode* estar esperando um natural 9 aqui, mas como o A7 vem da escala harmônica menor e não do acorde da escala maior "mixolídia" que você deve estar acostumado, o Bb é a nota certa, nesse contexto.

**O Exemplo 5g** é o diagrama completo do arpejo 3-b9:

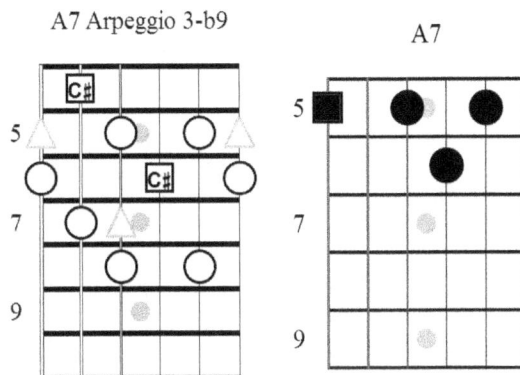

A7 Arpeggio 3-b9

A7

Esse arpejo, quando não é visto em relação ao acorde A7, é na verdade um arpejo de Bb diminuto com 7ª.

Tocar um arpejo diminuta com 7ª na 3ª de um acorde dominante com 7ª é uma das substituições mais comuns no jazz. Isso funcionará nas progressões ii V I maiores e menores.

## Solando com Arpejos Estendidos

Agora que aprendemos como os arpejos estendidos são formados e tocados, vamos aplicá-los para solar sobre a progressão menor ii V i.

Acredito que há três fases claras quando aprendemos a solar com arpejos sobre progressões de acordes:

1) Comece os arpejos a partir de um *determinado intervalo* por vez, por exemplo, cada arpejo começando a partir da 3ª ou 7ª em cada vez etc.

2) Ligue os arpejos usando o conceito de *nota mais próxima*. Por exemplo, movendo-se para a nota mais próxima possível do próximo arpejo.

3) Ligue os arpejos usando *notas de aproximação cromática* para preencher lacunas rítmicas e dar estilo melódico.

## Visando Intervalos Específicos em Progressões de Acordes

Vamos explorar essas fases usando arpejos estendidos 3-9 sobre o ii V i menor em D.

No **exemplo 6a,** cada arpejo estendido é tocado em uma corda por vez, começando na tônica. Perceba que quando digo tônica, estou me referindo à tônica do *arpejo estendido 3-9*, não ao acorde original.

**Exemplo 6a:**

Pode ajudar aprender esses exemplos primeiro dedilhando um acorde e depois tocando o arpejo estendido de 4 notas que vai com ele. Isso vai ajudar você a associar bastante cada ideia melódica com o acorde certo.

Em seguida, tente aprender cada arpejo da tônica *descendentemente*, conforme mostrado no **exemplo 6b:**

**O Exemplo 6c** demonstra os arpejos estendidos tocados a partir do 3-9:

Também aprenda esta ideia a partir das notas graves da oitava mais alta e desça o arpejo.

**O Exemplo 6d** mostra os arpejos estendidos tocados a partir da 5ª. Também aprenda descendentemente a partir da oitava mais aguda:

Finalmente, o **exemplo 6c** é tocado a partir da *7ª* de cada arpejo estendido:

Mais uma vez, encontre a nota do baixo na oitava mais alta e, em seguida, toque o arpejo descendentemente também.

Pratique todas essas ideias com a faixa de fundo de ii V i mais lenta a fim de acostumar seus ouvidos ao som desse importante arpejo estendido.

## Visando a Mudança Mais Próxima com Arpejos Estendidos

Quando essas ideias de arpejos estendidos tornarem-se mais naturais em seus dedos, é hora de seguir em frente para atingir a nota mais próxima em cada mudança de acordes. É aqui que os exercícios começam a soar mais musicais.

O exemplo a seguir começa a partir da 3ª de Em7b5 e é tocado através do arpejo estendido (b3-b9). A nota mais próxima quando o acorde muda para A7 é E (5ª de A7). Em seguida, desço o arpejo estendido antes de resolver na b3ª de Dm7.

**Exemplo 6f:**

O próximo exemplo começa da mesma maneira, mas move-se para o b7 do acorde de A7 para criar uma nova linha.

**Exemplo 6g:**

No exemplo a seguir, eu liguei as formas descendentes durante a troca para a nota mais próxima em cada arpejo durante a progressão.

No compasso quatro, eu salto a tônica "D" que eu tinha evitado até este ponto. Observe como a resolução é extremamente forte, quase como uma parede em nossa linha melódica.

**Exemplo 6h:**

O próximo exemplo foi criado ao me limitar apenas à terceira e segunda cordas. Mais uma vez, estou sempre visando à mudança melódica mais próxima entre os acordes.

**Exemplo 6i:**

Esse último exemplo mostra que você pode usar o conceito de nota mais próxima na última nota de cada acorde, não só na primeira. Toque o exemplo a seguir e observe como eu continuo voltando para a nota mais próxima *no topo* do arpejo descendente.

**Exemplo 6j:**

No exemplo anterior, os ouvidos vão perceber a primeira nota de cada compasso e esse tipo de ideia melódica pode gerar uma grande força em qualquer solo.

Invista algum tempo investigando essas variações de solos sobre as progressões de acordes. Você vai voltar à esse exercício a cada nova progressão de acordes que encontrar ao aprender guitarra jazz.

O método mais rápido e mais eficiente para aprender a solar em novas progressões de acordes é limitar-se a grupos de duas cordas e explorar todas as maneiras concebíveis de visar notas dos arpejos em mudanças de acordes.

Ao melhorar sua percepção e audição das mudanças, vá para faixas de fundo mais rápidas ou comece a usar semicolcheias.

## Ligando Arpejos Estendidos e Notas de Aproximação Cromática

Ao se familiarizar com o local de cada nota alvo, você precisa começar a ligar os arpejos estendidos com notas de aproximação cromática, assim como fizemos anteriormente no livro.

Por enquanto, vamos ficar com as semínimas, já que elas ajudam a desenvolver seus ouvidos. Se você persistir nessa abordagem, acabará sendo capaz de automaticamente "sentir" e ouvir onde as resoluções fortes se localizam. Além disso, essas linhas em semínima são muito úteis quando a quantidade dos acordes é duplicada.

Por exemplo, a progressão ii V i menor normalmente ocorre apenas nos dois últimos compassos em vez dos quatro últimos, como pode ser visto no **exemplo 6k:**

Essa é a mesma linha do exemplo 6j, mas dessa vez tocada em colcheias por dois compassos. Pode ser fácil desenvolver ritmos de jazz em colcheias quando temos as resoluções fundamentais das semínimas em nossos ouvidos.

Isso deve destacar a importância de dar atenção às semínimas ao aprender esses conceitos fundamentais. Vamos começar a ver linhas em colcheia no próximo capítulo, quando estudarmos escalas de bebop.

Os exemplos, a seguir, usam notas de aproximação cromática visando as notas do acorde em arpejos estendidos 3-9. **Exemplo 7a:**

O exemplo 7a visa a 5ª de A7 a partir de um semitom abaixo e a 5ª de Dm7 a partir de um semitom abaixo.

**Exemplo 7b:**

O exemplo 7b usa notas de passagem cromática em direção à b7 de A7 e ao b3 de Dm7.

**Exemplo 7c:**

No exemplo 7c, eu "encaixotei" a 5ª de A7 e, depois, usei a mesma técnica para chegar à 5ª de Dm7

**Exemplo 7d:**

No exemplo 7d, eu "encaixotei" a 3ª de A7 e cheguei à 5ª de Dm7 cromaticamente vindo de baixo.

Existem centenas de maneiras de se conectar notas dos acordes com notas de aproximação cromática, por isso reservar algum tempo todos os dias para inventar novos métodos é sempre um bom treino.

Desde que você tenha uma nota do acorde ou extensão (9ª) no tempo, nada pode dar muito errado. Ao desenvolver seus ouvidos e transcrever mais solos de mestres do improviso, você vai perceber que não precisa de uma nota do acorde em *cada* tempo (alguns padrões de notas de aproximação cromática podem ser muito longos). Confie em seus ouvidos.

Sempre comece aprendendo notas de aproximação cromática em semínimas, como fizemos nos exemplos anteriores, mas se você estiver ansioso para reproduzi-las como linhas em colcheias, tente tocá-las em "tempo dobrado" sobre uma das faixas de apoio "rápidas".

# Escala Frígia Dominante de Bebop

As escalas de "Bebop" são escalas de oito notas, criadas adicionando-se uma nota cromática nas escalas de sete notas padrão.

O bebop como forma musical gira em torno de grupos rápidos de colcheias. Usando escalas de 8 notas (octatônicas), podemos tocar longos padrões de escalas que *automaticamente* as notas fortes do arpejo ficam no tempo.

Em outras palavras, como temos um número *par* de notas na escala, quando começamos em uma nota do acorde e tocamos colcheias para cima ou para baixo, as outras notas do acorde vão automaticamente continuar no tempo forte.

Isso pode ser visto no exemplo a seguir com as escalas frígia dominante e frígia dominante "Bebop".

Vamos olhar a escala de sete notas Frígia Dominante em "A". Isso é mostrado em duas oitavas no **exemplo 8a**.

As notas do arpejo do acorde de A7 estão realçadas com parênteses. Até o fim do primeiro compasso, as notas do arpejo estão todas nos tempos fortes (1, 2, 3 e 4), mas como essa é uma escala de sete notas, na segunda oitava, *todas as notas dos acordes ficam em contratempos.*

Como você sabe, isso é extremamente indesejável pois todas as notas fortes do arpejo agora ficam nas partes ritmicamente fracas do compasso.

A maneira de contornar isso é adicionar uma nota de passagem cromática entre o b7 e a tônica. Adicionando essa *natural 7*, criamos uma escala de oito notas que fará os tons fortes do arpejo caírem sobre as batidas fortes do compasso.

Criamos, assim, a Escala Frígia Dominante de Bebop que é uma das escalas mais importantes do jazz.

**Exemplo 8b:**

A Phrygian Dominant
Bebop

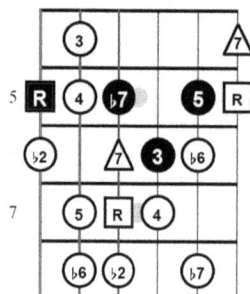

Veja as notas entre colchetes no exemplo 8b. Você pode notar como a nota extra força as notas do arpejo a caírem sempre sobre um tempo forte? Nesse exemplo, comecei na tônica da escala, no entanto, o mesmo acontece em *qualquer tom* no qual você comece e em *qualquer direção* que sua melodia se mova.

Por exemplo, aqui está uma linha que desce duas oitavas a partir da 5ª de A7 (E).

**Exemplo 8c:**

Você pode alterar a direção em qualquer ponto da escala, desde que retorne para uma nota do arpejo no tempo.

**Exemplo 8d:**

Tenho certeza que você está começando a ver como a Escala Frígia Dominante de Bebop pode ser útil sobre o acorde V em um ii V i menor. As perguntas que ainda não respondi são: de *onde* essa escala vem e *por que* serve perfeitamente neste contexto musical?

A progressão menor ii V i é derivada da escala Harmônica Menor harmonizada, então dizemos que a Harmônica Menor é nossa escala *matriz*.

Apesar de ter alterado o acorde de tônica final para ser um Dm7 em vez de um Dmin/Maj7, o som da Harmônica Menor domina a progressão, especialmente sobre os dois primeiros acordes.

Embora *pudéssemos* pensar na escala menor harmônica ao solarmos, *a maioria dos músicos de jazz* vão sempre ver uma progressão ii V i a partir do acorde dominante *(V)*. O acorde dominante, em nosso caso A7, é simplesmente um som mais forte e, normalmente, é onde a maior parte da tensão harmônica e melódica estarão em uma progressão.

O quinto modo da escala Harmônica Menor é chamado de Frígio Dominante e, em breve, será natural para você ver *toda* progressão ii V i a partir da escala Frígia Dominante (Bebop).

## Em7b5/A = A7b9sus4

Você pode estar se perguntando se é correto tocar a escala Frígia Dominante de Bebop sobre o acorde iim7b5, assim como no acorde V7. A resposta é: "Com certeza!". Embora a teoria sobre o motivo possa parecer um pouco complexa no papel.

Se você estiver ansioso para tocar e quiser pular a parte da teoria, a resposta mais ou menos curta é que o acorde ii (Em7b5) funciona como uma versão suspensa do acorde de A7, quase da mesma maneira que um acorde Dsus4 se resolve no D maior. Por esse motivo, não há problema em tocar a Escala Frígia Dominante sobre Em7b5; na verdade, sobre mudanças "rápidas", eu recomendo que se faça isso!

A resposta mais longa e complexa aprece quando olhamos para as notas de Em7b5 *sobre* uma nota "A" no baixo. Como um acorde com baixo, isso pode ser escrito como Em7b5/A. O **exemplo 8e** mostra quais intervalos as notas do arpejo de Em7b5 formam quando estão sobre um "A" no baixo.

Em7b5/A                                                A7b9sus4

O acorde de Em7b5 pode ser visto como um acorde de A7b9sus4.

Volte ao exemplo 5f, veja que o arpejo estendido (já tocado no acorde de A7) tem a b9 (Bb), portanto, a única diferença nesse acorde é que substituímos a 3ª de A7 pela 4ª. Nós criamos o acorde A7b9sus4.

A 4ª suspensa no A7b9sus4 (Em7b5) cai para a 3ª maior no acorde V (A7). Isso significa que agora podemos ver nossa progressão ii V i menor da forma a seguir. Eu forneci algumas aberturas, caso você queira tocar esses acordes.

**Exemplo 8f:**

A7b9sus4                    A7b9                    Dm7

Reveja o exemplo 6h. Observe como o movimento de arpejo sobre a mudança de acordes espelha a movimentação de acordes no exemplo acima.

Por conta disso, se ficarmos na nossa ideia de "notas de arpejo fortes nos tempos fortes', a escala frígia dominante de Bebop é muito apropriada para usar sobre toda a parte "ii V" da progressão.

Na verdade, se você quiser, pode continuar com uma escala Frígia Dominante convencional sobre o acorde tônica de Dm7, já que "A" Frígio Dominante *é a mesma* escala que "D" Harmônica Menor. Apenas crie suas linhas de escala ao redor do arpejo de Dm7. A escala de "D" Menor Harmônica tem uma nota de bebop diferente, então, tenha cuidado!

A maior lição a se tirar de toda essa teoria é que, especialmente em uma progressão ii V i rápida, nós podemos simplesmente ignorar o acorde iim7b5, se quisermos. Claro, se você deseja articulá-lo, vá em frente, mas essa abordagem é normalmente mais apropriada para progressões "longas" em ritmos mais lentos.

## Combinando Arpejos com a Escala Frígia Dominante de Bebop

A escala Frígia Dominante de Bebop é uma parte muito importante do repertório bebop. É um dos blocos de construção fundamentais da linguagem do jazz, por isso praticá-la é essencial. No restante deste capítulo, eu irei tratar o acorde Em7b5 como um acorde de A7b9sus4, ou seja, vou ignorá-lo. Quaisquer confrontos formados por tocar a 3ª maior (C#) contra o D (Sus4) são momentâneos e não vale a pena ficar preocupado por enquanto.

**Exemplo 9a:**

O exemplo 9a começa na 5ª de A7 (tônica do Em7b5) e ascende a escala Frígia Dominante Bebop, visando novamente a 5ª de A7. A linha, então, desce a escala bebop, resolvendo-se na 5ª de Dm7.

Toque junto com a faixa de apoio lenta e analise a linha para ver onde as notas do arpejo ficam. Quando você ganhar mais confiança, vá para as faixas de apoio mais rápidas. Siga a mesma abordagem em todas as linhas neste capítulo. **Exemplo 9b:**

Essa linha começa na 3ª maior (C#) do acorde A7 e desce através da escala Dominante Frígia Bebop visando a b7 de A7 e a 5ª de Dm7.

**Exemplo 9c:**

Essa linha melódica visa o b7 de A7 e desce o arpejo sobre Dm7.

**Exemplo 9d:**

Aqui temos como alvo a tônica de A7 e a tônica de Dm7. Você percebe o movimento de D-C#-C no acorde de Dm7? Isso é tirado da escala de "D" Eólio Bebop, que discutiremos no próximo capítulo.

Examine o **exemplo 9e:**

O exemplo 9e mostra que nem *sempre* é preciso começar em uma nota do arpejo, quando usamos a escala bebop. Você sempre pode adicionar uma nota de aproximação cromática para conseguir uma nota do arpejo em um tempo forte.

No exemplo 9e, eu começo no b13 (F) que, definitivamente, não é uma nota do arpejo. Para atingir uma nota do arpejo em um tempo forte, eu uso a nota de passagem cromática F# para preencher a lacuna entre F e G. Isso permite que eu toque o b7 (G) do acorde de A7 no tempo dois.

Observe que quando eu desço a sequência semelhante no compasso dois, eu não uso essa alteração cromática porque as minhas notas do acorde já estão no tempo.

Tente encontrar algumas outras notas fora do acorde para começar suas linhas e, em seguida, use o cromatismo para ajudá-lo a retornar para a abordagem normal de "nota forte sobre um tempo forte".

Agora, veremos linhas que usam o Frígio Dominante Bebop numa progressão ii V i menor rápida.

**Exemplo 9f:**

O exemplo 9f começa no b7 de A7, sobe a escala Bebop dominante frígia até a tônica, antes de usar um padrão de notas de aproximação, em direção ao b3 de Dm7.

**Exemplo 9g:**

No exemplo 9g, eu "encaixotei" a 3ª de A7, antes de alcançar a tônica e descer até a 3ª menor de Dm7, onde subo o arpejo 3-9.

**Exemplo 9h:**

No exemplo 9h, eu foco na 3ª de A7 e uso a escala bebop para alcançar a 5ª de Dm7 antes de usar um padrão melódico comum.

**Exemplo 9i:**

Nesse exemplo final, eu subi o arpejo de A7 e estava *pensando* no 3-b9, embora não tenha realmente chegado a tocar o b9. Em vez de usar a nota de bebop para me aproximar da tônica de A7 cromaticamente a partir de baixo. Eu viso o b3 de Dm7 cromaticamente a partir de cima usando a linha G-F#-F.

Como sempre, é aceitável que essas linhas tenham muitas notas de fora da nossa harmonia principal, desde que elas sejam colocadas em tempos fracos e sejam usadas para empurrar nossas notas de arpejo para tempos fortes.

# A Escala Eólia Bebop

A escala bebop eólia foi mencionada no capítulo anterior e é extremamente útil para solar sobre o acorde tônica menor com 7ª.

Lembre-se de que quando formamos o ii V i menor, mudamos o min/Maj7, que seria harmonicamente correto, para virar um *puro* acorde m7 (que não pertence à escala matriz harmonizada original). Logicamente, já que esse acorde de Dm7 não faz parte da escala menor harmônica, precisamos usar uma escala diferente quando solamos sobre o acorde tônica.

*Muita Atenção: A escala menor harmônica funciona muito bem sobre o Dm7 se você evitar tocar a 7ª nota (C#) em um tempo forte.

Se você quiser criar uma escala Menor Harmônica Bebop, a fórmula é 1 2 b3 4 5 b6 (6) 7:

Explore a escala Menor Harmônica Bebop por si mesmo. Nesse momento, vamos discutir a escala eólia bebop, pois acredito ser um som mais acessível e apropriado para usar nesse contexto.

Quando pegamos "emprestado" o acorde tônica de Dm7 da escala Natural Menor (eólia). Esse é o sexto modo da escala maior de "F" e chamado muitas vezes como escala menor "relativa".

A fórmula para a escala Eólia é 1 2 b3 4 5 b6 b7 e ela pode ser tocada na guitarra da seguinte maneira:

**Exemplo 10a:**

Embora esse seja um som útil, que você provavelmente já conhece, é mais benéfico passar imediatamente para a escala Eólia Bebop pelos motivos mencionados no capítulo anterior.

A escala Eólia Bebop é uma escala de oito notas formada pela adição de uma natural 7 na escala eólica. A fórmula é 1 2 b3 4 5 b6 b7 (7).

A escala Eólia Bebop em D pode ser tocada assim:

**Exemplo 10b:**

D Aeolian Bebop

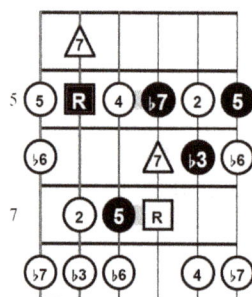

Como sempre, suba e desça essa escala a partir da tônica mais grave (D), ignorando a princípio todas as notas mais graves no dedilhado dessa posição. Ao se acostumar com a forma, você pode adicionar essas notas mais graves. Quando você tiver memorizado a forma da escala, passe algum tempo praticando a subida e descida da escala a partir de qualquer nota do arpejo de Dm7 (1 b3 5 ou b7). É bom saber que onde quer que você inicie, continuará sempre com as notas do arpejo no tempo quando tocar em colcheias.

Essa escala bebop funciona *exatamente* da mesma forma que a escala Frígia Dominante de Bebop que você aprendeu anteriormente.

Além da escala Eólia Bebop de "D" ser a correta para se tocar sobre a tônica "D", há uma outra razão para a escala funcionar tão bem. A nota que adicionamos para formar essa escala bebop é o grau *natural com 7*, (C#). Essa nota é a mesma que o grau *natural 7* da escala Menor Harmônica que está contida no acorde V da progressão. (C# é a 3ª de A7)

Compare os diagramas das duas escalas a seguir:

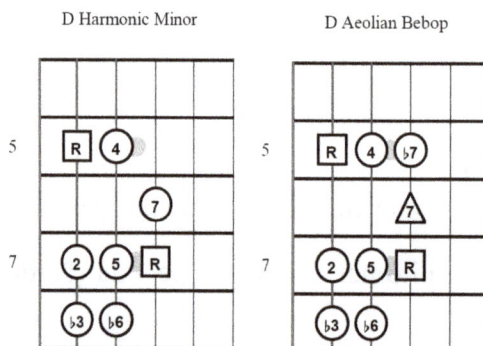

D Harmonic Minor          D Aeolian Bebop

A escala Eólia Bebop de "D" pode ser vista *exatamente* como a mesma escala que "D" Menor Harmônica com a adição de uma nota.

A nota extra é o b7 da escala, que se encaixa perfeitamente com o acorde de Dm7 que tocamos na harmonia (fórmula 1 b3 5 **b7**).

Ao mesmo tempo, a 7ª natural (C#) liga a melodia com a escala matriz "original" da progressão ii V i menor: a Harmônica Menor.

Usando a escala eólia de Bebop no acorde tônica de Dm7, estamos reconhecendo que o acorde de Dm7 foi alterado a partir do acorde original da Harmônica Menor, Dmin/Maj7, enquanto também levamos a 7ª natural (C#) através da progressão ii V. É o melhor de dois mundos.

## Usando a Escala Eólia Bebop

A abordagem para usar a Escala Eólia Bebop melodicamente é a mesma da Escala Frígia Dominante Bebop sobre os acordes ii e V. Desde que iniciemos em uma nota do acorde de Dm7 (1, b3, 5 ou b7), podemos subir ou descer a escala em qualquer direção e as notas do acorde permanecerão no tempo.

Aqui estão alguns exemplos isolados:

**Exemplo 10c:**

O exemplo 10c é uma linha simples que vai da tônica até a 5ª.

**Exemplo 10d:**

O exemplo 10d faz pleno uso da escala bebop, indo da tônica para b7 duas vezes, continuando para o b3.

**Exemplo 10e:**

O exemplo 10e mostra a possibilidade de usar uma nota de aproximação, bem como a escala bebop. Nesse caso, usei o G# para aproximar a 5ª de Dm7. Isso funciona bem, já que o G# é a "nota bebop" na escala de "A" Frígio Dominante Bebop que você pode usar na parte da progressão de acordes de Em7b5-A7.

**Exemplo 10f:**

O exemplo 10f combina alguns saltos melódicos com figuras de arpejo.

É importante que você experimente e explore a escala de "D" Eólia Bebop e invente seus próprios licks. As possibilidades são quase ilimitadas. Anote suas melhores ideias "e use-as como resoluções para a progressão menor ii V i. Use a faixa de fundo 9: um acorde de Dm7 estático.

Nos exemplos, a seguir, eu usei principalmente a escala Frígia Dominante Bebop no Em7b5 e A7, alternando para a escala Eólia Bebop de Dm7.

Eu também combino livremente arpejos e notas de aproximação cromática com escalas de bebop, geralmente mantendo as notas fortes do arpejo sobre os tempos fortes do compasso.

**Exemplo 10g:**

Essa é uma aplicação direta de ambas as escalas de bebop, mas observe o uso da escala Blues Menor de "D" no final do compasso.

**Exemplo 10h:**

No primeiro compasso de Dm7, a linha melódica sobe a escala Eólia de Bebop. No segundo compasso, há um fechamento de frase de bebop usual que você deve saber.

**Exemplo 10i:**

No exemplo 10i, eu não visei o arpejo de A7, no primeiro compasso. Em vez disso, eu visei o arpejo de Em7b5 como você o aprendeu nos primeiros capítulos. Observe como isso dá um efeito sutilmente diferente.

**Exemplo 10j:**

O exemplo 10j inicia no tempo forte do compasso com um padrão usual de notas de aproximação.

Quando as variações de notas do ii V i mudam *lentamente* (um acorde por compasso), você tem mais tempo para chegar a cada acorde individualmente, ou seja, fazer mais com o Em7b5. Entretanto, quando as mudanças de acordes são *rápidas* (dois acordes por compasso), normalmente vale a pena pensar na escala de "A" Frígia Dominante de Bebop *tanto* para o Em7b5 quanto para o A7 e, depois, mudar para "D" Eólio Bebop no Dm7. Isso é mostrado no **exemplo 10k:**

# Aberturas de Acordes Úteis para a Progressão ii V i Menor

Para fazer uma pausa em toda essa teoria melódica, vamos olhar algumas maneiras úteis de tocar e expandir os acordes menores iim7b5-V7-im7 na progressão.

As primeiras coisas a considerar são as tensões "naturais" que podemos tocar no acorde V7. Músicos de jazz tendem a concordar que como o V7 é o principal ponto de tensão na progressão de acordes, normalmente não há problema em adicionar tensão extra através de extensões e alterações cromáticas.

No contexto de uma progressão menor ii V i, a escala *matriz* do acorde V7 é a escala Frígia Dominante (modo cinco da menor harmônica), como já vimos.

A fórmula para a escala Frígia Dominante é:

1 b2 3 4 5 b6 b7.

Se removermos as notas do arpejo da escala (nosso acorde com 7ª básico, 1 3 5 b7) ficamos com o graus da escala b2, 4, b6

1̶ b2 3̶ 4 5̶ b6 b̶7̶

Essas notas, quando adicionadas aos acordes ou tocadas uma oitava acima são chamadas de b9, 11 e b13, sendo chamadas de *extensões* de acordes. Elas podem ser adicionadas às nossas notas básicas de A7.

Muitas vezes, temos que tomar cuidado quando adicionamos essas extensões nas aberturas de acordes porque elas podem causar um confronto indesejável com notas do acorde original. Por exemplo, a nota b6/b13 é a mesma que um #5. *É útil ver o b6/b13 como um #5 porque é imediatamente evidente que o #5 irá conflitar com o natural 5 do acorde.*

Quando acrescentamos um #5/b13 em um acorde dominante 7, normalmente omitimos a nota 5 natural para evitar o confronto.

No caso de A7, substituímos a 5ª natural (E) pelo #5/b13 (E #)

Isso pode ser visto facilmente no **exemplo 11a:**

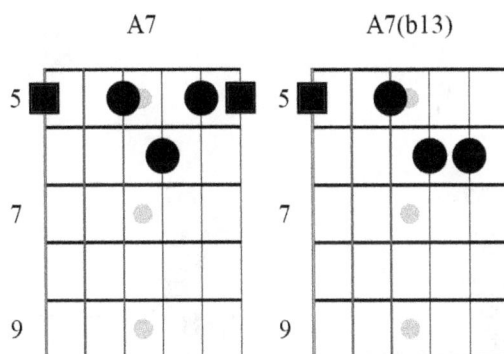

Esse é um excelente acorde para tocar na progressão ii V i menor, já que a nota #5/b13 vira o b3 do acorde im7. Nesse caso, o b13 de A7 é F, que se torna o b3 (F) em Dm7.

Experimente isso no **exemplo 11b:**

O mesmo tipo de princípio aplica-se na adição do b9. O b9 irá conflitar com a tônica do acorde se for colocado próximo a ela, por isso, normalmente uma tônica em oitava alta é substituída pelo b9, deixando inalterada a nota do baixo.

**Exemplo 11c:**

Muitas vezes, é mais fácil posicionar o acorde de A7b9 se você só tocar as quatro cordas agudas e deixar a tônica ser tocada pelo baixista.

**O exemplo 11d** mostra essa abordagem:

Você também pode combinar o b13 *e* o b9, como você pode ver no **exemplo 11e:**

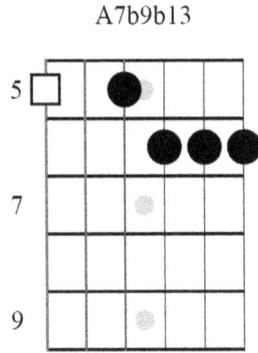

A7b9b13

Novamente, a maioria dos guitarristas não vão tocar a nota do baixo nessa abertura do acorde.

**O exemplo 11f** mostra isso no contexto da progressão menor ii V i em D:

Ao tocar a parte de guitarra base em um ii V i menor, todas as aberturas anteriores podem ser usadas livremente no acorde V.

## Aberturas Drop 2

As aberturas de acordes drop 2 são uma parte essencial do vocabulário de todo guitarrista de jazz. Sem aprofundar demais a teoria de como eles são criados, eles nos permitem tocar qualquer abertura de acordes usando apenas as quatro cordas agudas da guitarra e, por isso, eles nos ajudam a ficar fora do caminho de outros instrumentos que tocam acordes como o piano ou órgão.

Eles são extremamente úteis porque naturalmente criam boas aberturas e distribuição de notas.

Qualquer acorde de quatro notas pode ser tocado em qualquer uma das quatro inversões ao longo do braço da guitarra. Aqui estão quatro maneiras úteis para tocar a sequência ii V i menor Em7b5-A7-Dm7.

**Exemplo 11g:**

**Exemplo 11h:**

**Exemplo 11i:**

## Exemplo 11j:

Esses padrões de acordes devem ser memorizados porque ocorrem frequentemente no jazz. Eles também ajudam a "ver" como cada nota individual muda entre os acordes. Já reparou que só duas notas mudam entre Em7b5 e A7?

Podemos adicionar qualquer uma das tensões discutidas anteriormente nesse capítulo para o acorde V (A7). Nós simplesmente precisamos saber quais notas ajustar na abertura. Os quatro compassos seguintes, no exemplo 11k, mostram como podemos adicionar extensões interessantes para o acorde A7 apenas alterando notas específicas.

## Exemplo 11k:

Isso pode ser feito em todas as quatro inversões anteriores, portanto passe algum tempo investigando como alterar o acorde de A7 em cada posição. Para começar, aqui estão as mesmas alterações na próxima inversão:

**Exemplo 11l:**

Essas aberturas de acordes são usadas todo o tempo e, muitas vezes, usamos mais de uma abertura para expressar cada acorde. Isso nos permite adicionar linhas melódicas em aberturas de acordes enquanto tocamos, no mesmo estilo de músicos como Joe Pass.

# Tocando Fora da Relativa Maior

Os conceitos desse capítulo foram ensinados a mim pelo meu atual professor Pete Sklaroff, que é um guitarrista de jazz maravilhoso, além de grande professor e amigo. Quando ele me apresentou essas ideias, eu me debati com um monte de dúvidas sobre as notas apropriadas e o que eu achava que sabia sobre teoria musical... até que ele me disse para relaxar e simplesmente tocar. O resultado foi uma sonoridade muito blues e moderna de solos sobre a progressão ii V i menor

Alguns dos conceitos teóricos nos próximos parágrafos são bastante complexos, por isso, mais uma vez, a explicação "resumida" é: *toque uma escala Mixolídia Bebop no b3 do acorde dominante.*

Nosso acorde dominante no ii V i é A7. Se vamos construir a escala Mixolídia Bebop a partir do b3, geramos a escala Mixolídia Bebop de C que é mostrada no exemplo **12a:**

C Mixolydian Bebop

Pontos pretos = Arpejo de Em7b5

Triângulos = tônica de C Mixolídio Bebop.

Tente começar a partir de qualquer nota do arpejo de Em7b5 (não comece no b7, "D"), substitua-o pela nota "C" e toque a escala de C Mixolídio Bebop sobre os acordes de Em7b5 *e* de A7, antes de resolver em uma ideia do arpejo de Dm7. Você ouvirá uma abordagem muito "moderna" de Blues para solar sobre essa progressão.

Vamos dar uma olhada mais profunda na razão desse conceito funcionar em alguns exemplos concretos.

## Relativos Maiores e Menores

A primeira coisa importante para compreender o motivo da escala de C mixolídio Bebop funcionar nesse contexto é o conceito de *tonalidades relativas maiores e menores*. Em música, há sempre dois centros tonais para qualquer armadura de clave: uma tonalidade maior e uma tonalidade *relativa menor*.

Por exemplo, se você vir a armadura de clave de C maior (sem sustenidos ou bemóis), no início de uma peça de música, você sabe que a peça vai estar *ou* na tonalidade de C maior *ou* na de A menor.

Se você vir a armadura de clave de G maior (1 sustenido), saberá que a música está escrita na tonalidade de "G" maior ou "E" menor.

**A tonalidade relativa menor é sempre construída no sexto grau da escala maior.**

Em outras palavras, se você contar seis notas a partir da tonalidade maior, você encontrará o relativo menor. Por exemplo:

Na tonalidade de C, conte "C, D, E, F, G, A" = A menor

Na tonalidade de G, "G, A, B, C, D, E" = E menor.

Outra maneira de ver isso é que a tonalidade relativa menor está sempre três semitons abaixo da tônica da tonalidade maior.

Em todo esse livro, trabalhamos na tonalidade de Ré menor. A *relativa maior de "D" menor é "F" maior.*

Veja, a partir da tonalidade de "F" maior, conte seis notas: F, G, A, Bb, C, D = D menor.

A ligação musical entre as tonalidades relativa maior e menor é *muito* forte. Se você toca guitarra rock ou blues, deve saber que as notas da pentatônica menor de "E" e a pentatônica maior de "G" são as mesmas. Isso porque G e E são relativos maior e menor.

## Sinônimos 3-9

A próxima coisa a considerar é que as notas que tocamos quando usamos os arpejos 3-9 estendidos foram exploradas no capítulo 6.

Quando construímos um arpejo 3-9 estendido a partir do acorde de Dm no ii V i menor, tocamos a b3ª, 5ª, b7ª e 9ª. Essas notas são F, A, C e E. Essas notas formam um acorde de *F com 7ª maior.*

Quando construímos um arpejo 3-9 estendido a partir do acorde de Dm no ii V i menor, tocamos a b3ª, b5ª, b7ª e 9ª. Essas notas são G, Bb, D e F. Essas notas formam um acorde de *G com 7ª menor.*

Isso pode ser visto mais facilmente nos diagramas a seguir:

Finalmente, quando tocamos o arpejo 3-9 estendido do acorde de A7 (V), tocamos as notas C#, E, G e Bb.

Essas notas formam um acorde *sem tônica* de C7b9.

Os acordes/arpejos que criamos usando essas extensões, são:

Em7b5 = Gm7

A7 = C7b9

Dm7 = Fmaj7

**Os acordes criados usando os arpejos estendidos em uma progressão ii V i menor formam um ii V I Maior na tonalidade relativa maior de "F".**

Isso é mostrado no **exemplo 12b:**

Ouça e toque o exemplo 12b. Você consegue ouvir como esses dois sons estão fortemente ligados?

A terceira peça do quebra-cabeça vem quando você percebe que os acordes A7b9 e C7b9 têm *exatamente as mesmas notas quando você omite as tônicas*. Tal como fizemos quando formamos arpejos estendidos.

A7b9 sem tônica = C# E G Bb

C7b9 sem tônica = E G Bb C#

Você pode já estar ciente de que se trata de uma "substituição diminuta" que leva a algumas teorias de *escalas simétricas* muito legais, mas como já aprofundamos bastante aqui, vou deixar para outro livro!

Agora, podemos ver que os ii V I maiores e menores não somente têm uma forte conexão harmônica, os acordes dominante (V) de ambas as progressões compartilham *exatamente* as mesmas tensões.

Se voltarmos para ver tudo a partir da perspectiva do ii V i menor por um minuto, você vai se lembrar que muitas vezes tratamos o acorde ii (Em7b5) como uma versão suspensa do acorde V (A7b9). Em termos simplistas, isso significa que podemos efetivamente *ignorar* o acorde iim7b5 se desejarmos, especialmente nos tempos mais rápidos.

**Resumo:**

Todos os pontos acima combinados significa que uma forma realmente eficaz de solar sobre os dois primeiros acordes de uma progressão menor ii V i é imaginar que estamos tocando o acorde dominante do ii V i relativo maior. Nesse caso, estamos pensando no C7.

Como regra geral: Em uma progressão menor ii V i, tocamos a escala Bebop Mixolídia uma 3ª menor acima do acorde dominante.

# A Escala Mixolídia Bebop

O acorde de C7 deriva da harmonia da escala maior (o acorde V de F maior), então a escala "correta" para usar é C mixolídio, já que é o quinto modo em Fá maior. Sua construção é 1 2 3 4 5 6 b7 e, para formar uma escala bebop, acrescentamos a nota natural 7, resultando na Fórmula 1 2 3 4 5 6 b7 7.

**O exemplo 12a**, outra vez, para referência:

C Mixolydian Bebop

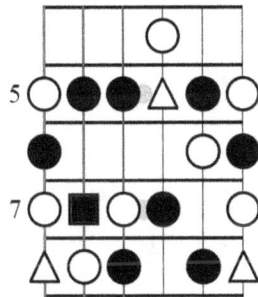

Para ajudar a ligar a escala Mixolídia de Bebop em "C" ao Em7b5 – A7b9, na progressão menor ii V i, **sempre comece sua linha melódica a partir de uma nota do arpejo de Em7b5, mas substitua a b7 (D) pela tônica da Escala Bebop (C).**

Essas notas são os pontos pretos no diagrama do braço que está acima.

Passe algum tempo aprendendo a escala Mixolídia de Bebop em "C" sobre duas oitavas, conforme mostrado no **exemplo 12c**:

## Usando a Escala Mixolídia Bebop em Progressões Lentas

A regra de ouro é iniciar sua linha melódica a partir de uma nota do arpejo de Em7b5, exceto a b7 (D).

Troque-a pela tônica da escala Bebop (C). Por enquanto, resolveremos todas as nossas linhas em uma nota do arpejo de Dm7. Muitas vezes, iremos adicionar notas de aproximação para resolver suavemente.

**Exemplo 12d:**

Essa linha desce a escala de C Mixolídio Bebop a partir do b5 do arpejo de Em7b5 e visa o #9 (C) do acorde de A7. A 5ª de Dm7 é focalizada com uma nota de passagem cromática a partir de baixo.

**Exemplo 12e:**

Esta linha sobe a partir da tônica de Em7b5 e, mais uma vez, foca o #9 (C) de A7.

**Exemplo 12f:**

Descendo a partir da tônica da escala bebop (C), esta linha melódica se direciona ao b7 do acorde de A7 com uma nota de passagem cromática a partir de baixo.

## Exemplo 12g:

Esta linha desce a escala bebop a partir da tônica e direciona-se à tônica de Dm7 com um fragmento da escala Bebop Eólia de "D". No compasso três, há uma ideia escala pentatônica menor de "D".

## Exemplo 12h:

O exemplo 12h faz uso de um padrão ascendente através de toda a escala de C Mixolídio Bebop.

## Exemplo 12i:

O exemplo final utiliza o arpejo de Em7b5 e a escala de C Mixolídio Bebop para alcançar o b9 no arpejo 3-b9 de A7.

# Usando a Escala Mixolídia Bebop em Progressões Rápidas

A escala de C Mixolídio Bebop funciona extremamente bem em progressões ii V i rápidas de dois tempos. Aprenda os exemplos a seguir.

**Exemplo 12j:**

**Exemplo 12k:**

**Exemplo 12l:**

**Exemplo 12m:**

Tocar a escala Mixolídia Bebop na b3 do acorde dominante 7 é uma das minhas maneiras favoritas de solar sobre uma progressão menor ii V i.

# A Escala Alterada

A escala Alterada ou "Modo Super Lócrio" é o 7º modo da Melódica Menor e é extremamente útil para a adição de tensão no acorde dominante (V) em qualquer progressão de acordes ii V i.

Ela funciona muito bem porque tem todas as notas importantes de um arpejo dominante 7 (1, 3 e b7) e mais *cada* alteração possível para o acorde: b9, #9, b5 e #5.

Isso não é imediatamente aparente; vamos primeiro examinar a fórmula da escala e, depois, vamos dar uma olhada rápida na teoria.

A escala Alterada na tonalidade de "A", nosso acorde dominante, é:

No diagrama da mão esquerda, a escala Alterada está escrita de acordo com sua fórmula de escala tradicional.

1 b2 b3 b4 b5 b6 b7.

No diagrama da mão direita, eu reescrevi a escala usando os símbolos *enarmônicos* de algumas das notas.

Olhe para o b4 no diagrama da mão esquerda (Db). O Db é o mesmo que a nota C# e C# é a *3ª maior* de A7.

Se eu reescrever o b3 (C) no diagrama da mão esquerda como um B#, isso me dá um grau #2 e, por reescrever o b6 (F) como um #5 (E#), a fórmula da escala se torna:

1 b2 #2 3 b5 #5 b7.

Lembre-se que quando adicionadas como extensões de um arpejo, as notas b2 e #2 são renomeadas de b9 e #9, por isso, para solar, nossa escala se torna:

1 b9 #9 3 b5 #5 b7.

Essa escala agora pode ser vista contendo o 1, 3 e b7 a partir do arpejo dominante 7 (a 5ª não é importante), além de todas as alterações possíveis para o acorde dominante: B9, #9, b5 e #5.

A escala Alterada tem um caráter escuro, dissonante, que pode ser muito musical se você abordá-lo corretamente. Ela também tem um pouco de "instabilidade" devido à sua falta de uma 5ª natural.

Quando "usada com cuidado", a escala Alterada é uma escolha de solo extremamente apropriada sobre um ii V i menor porque sua nota b6 torna-se o b3 do acorde menor tônica, como vimos no capítulo sobre aberturas de acordes.

No nosso ii V i menor em D, a b6 em A7 é a nota "F" e o b3 em Dm7 também é "F".

Assim como com cada escolha de escala dominante até agora, a escala Alterada funciona bem tanto sobre o iim7b5 quanto sobre o acorde V7, embora ela funcione "melhor" sobre mudanças rápidas. Sobre mudanças lentas, há algumas opções de escalas boas para usar no acorde ii, como a escala Lócria Bebop e a escala Lócria Natural 9. Essas duas serão discutidas em capítulos posteriores.

Por enquanto vamos nos concentrar em aprender as resoluções da escala Alterada de "A" para o arpejo de Dm7. Para começar, aprenda a escala Alterada de "A" em duas oitavas, conforme mostrado no **exemplo 13a:**

A altered

A7b9

Como fizemos anteriormente quando estávamos aprendendo a tocar as mudanças de acordes, vamos começar concentrados em áreas muito pequenas do braço, tentando encontrar o maior número de pontos de resolução possíveis entre "A" alterada e "D" menor 7. Inicialmente, vamos apenas tocar notas no grupo de duas cordas superior, usando quatro notas da escala Alterada e resolvendo em qualquer nota do arpejo de Dm7.

**Exemplos 13b - 13e:**

Agora, aprenda os pontos de resolução na segunda e terceira cordas. Algumas ideias são mostradas nos **exemplos 13f-13i:**

Repita esse processo em todos os outros grupos de 2 cordas.

Inicialmente, faça esses exercícios livremente, sem metrônomo ou faixa de apoio, mas quando estiver confiante em muitas das resoluções, tente trabalhar sobre essas ideias com a faixa de fundo A7b9b13 – Dm7 (faixa de fundo 7). Isso pode parecer um exercício demorado, mas o segredo para usar a escala alterada é resolvê-la de forma limpa.

A próxima etapa é explorar algumas linhas em colcheia sobre a progressão ii V i "rápida". Mais uma vez, vamos ignorar o acorde de Em7b5 por enquanto, tratando-o como um acorde de A7b9sus4. Apesar da escala Alterada ter a nota Eb (que esperaríamos que colidisse com o "E" natural no Em7b5), ela funciona como uma tensão aceitável (b5) quando vista em relação ao acorde de A7.

Tente os **exemplos 13j - 13m:**

## A Escala Alterada em Progressões Rápidas

A escala Alterada é muito eficaz nas progressões ii V i menores "rápidas", especialmente em tempos mais elevados, onde dissonâncias momentâneas no acorde iim7b5 não são tão pronunciadas.

A escala Alterada funciona bem sobre progressões lentas também, especialmente em tempos mais elevados, como será mostrado nos próximos exemplos.

No entanto, eu acho que em ritmos mais lentos, essa é uma abordagem muito mais eficaz para articular o iim7b5 de forma independente com escalas e arpejos relacionados, e usando a escala Alterada só no V7.

Por enquanto, estude as seguintes ideias que usam a escala Alterada sobre progressões ii V i lentas, nos acordes iim7b5 e "V".

Perceba que eu tento alcançar todas as notas do acorde que posso a partir do Em7b5, e trato o #5 (E#) e o b9 (Bb) como notas do arpejo no acorde de A7b9b13. Isso porque elas são extensões naturais e, muitas vezes, são tocadas nas partes da harmonia com a tônica (A) e quintas naturais omitidas (E).

## A Escala Alterada em Progressões Lentas

**Exemplo 13p:**

**Exemplo 13q:**

**Exemplo 13r:**

**Exemplo 13s:**

Mais uma vez, essas são apenas algumas ideias para você começar. O benefício real para sua forma de tocar vem quando você explora a escala sozinho, escreva suas próprias linhas e toque junto com as faixas de fundo. Se algumas das notas soarem um pouco estranhas no início, não se preocupe. Isso é apenas seu ouvido musical desenvolvendo. Em caso de dúvida, tente tocar suas linhas em um ritmo mais elevado e se você ainda não gostar, toque outra coisa.

Você perceberá que a maioria das notas que você acha dissonantes ocorrem quando a escala Alterada de "A" é tocada sobre o acorde de Em7b5 em progressões lentas e em tempos mais lentos.


## Usando o Arpejo min/Maj7 sobre o b9

Um dos benefícios de usar a escala Alterada é que você pode construir uma tríade ou arpejo a partir de *qualquer* nota da escala Alterada e soará bem. Isso é verdadeiro para *todos* os modos da escala Melódica Menor e nos oferece bastante liberdade quando queremos usar arpejos em nossa forma de tocar. Infelizmente, não tenho espaço aqui para entrar em profundidade nesse assunto. No entanto, eu quero compartilhar minha substituição de arpejo favorita com você.

Em um ii V i menor, meu arpejo favorito para o acorde V é um min/Maj7 no b9.

Se estivermos tocando em um acorde de A7(alterada), este seria o arpejo de Bbmin/Maj7.

As notas no Bbmin/Maj7 são Bb, Db/C#, F e A.

Esses intervalos quando tocados sobre um acorde de A7, geram os intervalos b9, 3, b13 e 1. Tocar esse arpejo destaca as notas de tensão no acorde frequentemente usado de A7b9b13. O arpejo é mostrado no **exemplo 13t:**

73

Normalmente, quando usamos esse arpejo nessa posição, eu acabo evitando as duas notas mais graves na guitarra, já que elas são um pouco complicadas para tocar, embora soem muito bem. Aqui estão algumas ideias que usam o arpejo Bbmin/Maj no acorde A7b9b13.

**Exemplo 13u:**

**Exemplo 13v:**

**Exemplo 13w:**

Nos exemplos anteriores, eu visei as notas do arpejo de Em7b5 no compasso um, usando a escala Lócria de Bebop (mais sobre isso no próximo capítulo), depois usei o arpejo de Bbmin/Maj7 sobre o acorde de A7(alterada) para atacar as notas do acorde: 1, b9, 3 e #5. Em cada vez, eu resolvi o acorde de A7 em uma nota do arpejo de Dm7.

Como sempre, crie e escreva suas próprias linhas e acelere-as com as faixas de fundo fornecidas.

As faixas de fundo oito, nove e dez são progressões lentas de ii V i menor em "D" com um acorde de A7b9b13, como acorde dominante.

# O Modo Lócrio no iim7b5

Quando temos mais tempo para solar em cada acorde, por exemplo, sobre progressões lentas de um compasso por acorde, pode ser desejável e mais fácil tocar de forma mais articulada sobre o acorde de Em7b5.

Podemos usar a técnica de "nota do arpejo e de aproximação" como já discutimos ou podemos usar uma escala adequada. Há duas opções principais de escala que podemos usar no acorde de Em7b5 e a primeira que analisaremos é o modo Lócrio.

O lócrio é o sétimo modo da escala maior e provavelmente você já sabe que, quando harmonizado, o 7º grau da escala maior forma um acorde m7b5. Como o modo Lócrio é construído em torno de um acorde m7b5, ele é perfeito para se usar quando solamos sobre o iim7b5.

A fórmula para o modo Lócrio é **1** b2 **b3** 4 **b5** b6 **b7**

Apesar de que aprenderemos o modo lócrio de "E" em torno de um acorde de Em7b5, é muito útil saber que ele tem *exatamente* as mesmas notas de "D" eólio, que é a escala que estamos usando atualmente para resolver todas as nossas ideias melódicas.

**O exemplo 14a** mostra o modo lócrio de "E" para você.

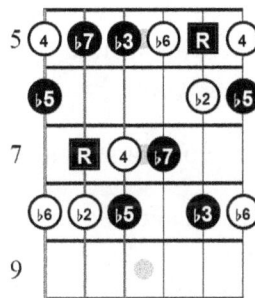

P

ara formar a escala Lócria Bebop, nós adicionamos um natural 7 (D#) entre o b7 (D) e a tônica (E).

Embora as notas da escala de "E" lócrio de sete notas sejam as mesmas do modo eólio de "D", a nota bebop é diferente, então precisamos aprender um padrão de escala ligeiramente distinto.

**O exemplo 14b** mostra a escala lócria bebop.

E Locrian Bebop

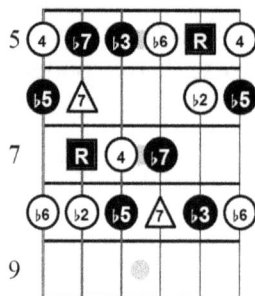

Mais uma vez, como com qualquer escala de bebop, se você começar em uma nota do arpejo (mostrada em pontos escuros) e tocar com escalas, sempre terá uma nota do arpejo no tempo. De agora em diante, neste capítulo, vamos trabalhar com a escala lócria de Bebop.

Lembre-se que ela tem as mesmas notas de "D" eólio, mas mudou-se a nota "bebop".

Vamos começar aprendendo algumas linhas da escala Lócria de "E" que se resolvem em notas do arpejo do acorde de A7b9. Estou te dando linhas completas de um compasso, mas como sempre é melhor dividir sua guitarra em grupos de duas cordas e explorar as progressões ao longo de pequenas áreas.

**Exemplos 14c - 14d:**

O exemplo 14C começa na tônica de "E" lócrio bebop e visa o b9 do acorde de A7.

O exemplo 14d desce a escala de "E" lócrio bebop a partir do b3 e desce a escala frígia dominante bebop de "A".

**Exemplos 14e - 14f:**

O exemplo 14e visa o b7 do A7, antes de combinar um arpejo estendido 3-b9 com um arpejo de Bbmin/Maj.

O exemplo 14f desce a partir do b5 do acorde de Em7b5 e desce a escala frígia dominante bebop a partir da 3ª de A7.

## Sequências Melódicas usando Três Escalas Diferentes

Agora, podemos usar diferentes escalas de oito notas em cada corda, uma ideia que podemos examinar é levar uma *sequência melódica* através da progressão inteira. Essa é uma abordagem muito forte quando solamos sobre as progressões se usada com moderação.

Estude as ideias nos exemplos a seguir para encontrar as sequências melódicas. Todos os exemplos usam a escala frígia dominante de Bebop, mas sinta-se livre para experimentar com qualquer outra escala dominante sobre o acorde V.

**Exemplo 14g:**

O exemplo anterior gira em torno de um padrão de escala Bebop ascendente/descendente, alvejando a nota mais próxima do arpejo sobre cada mudança.

**Exemplo 14h:**

No exemplo 14h, eu subo cinco notas do arpejo antes de descer a escala apropriada.

**Exemplo 14i:**

Esse exemplo desce cinco notas da escala antes de subir o arpejo e colocar uma nota da escala na última nota do compasso, visando uma nota do acorde próxima.

**Exemplo 14j:**

Os dois primeiros tempos em cada compasso do exemplo 14j usam um padrão de arpejo/notas de aproximação da escala no tempo três antes de descer uma figura de escala/arpejo.

Padrões como esses são divertidos de escrever e tocar. Eles são praticamente ilimitados em suas possibilidades e livros inteiros foram escritos sobre sua formação. Eles são um artifício melódico extremamente forte e articulado.

# O Modo Lócrio Natural 9

O Lócrio Natural 9 (ou Lócrio Natural 2) é o *sexto* modo da escala menor melódica.

Infelizmente não tenho espaço neste livro para discutir uma grande quantidade de teoria da escala melódica menor, no entanto, da mesma forma que o *sétimo* acorde da escala maior harmoniza-se para formar um acorde m7b5, o mesmo é verdadeiro para o acorde *seis* da escala melódica menor.

Continuando a trabalhar com o acorde *Em7b5*, precisamos descobrir qual escala melódica menor tem a nota "E" como seu sexto grau.

A escala melódica de sol menor tem a nota "E" como seu sexto grau e você pode ver isso no diagrama a seguir:

(Tecnicamente essa armadura de clave está incorreta, mas isso torna a escala mais fácil de ler).

Se rearranjarmos essa escala para fazer da nota "E" a tônica, então, criamos o modo "E" Lócrio Natural 9:

As notas do arpejo E, G, Bb e D estão entre parênteses. Como você pode ver, o acorde formado a partir da tônica da escala é um Em7b5. Você também deve observar que cada nota da escala, exceto pela 2ª natural ou 9ª (F#), são as mesmas do modo lócrio de "E" que exploramos no capítulo anterior.

É a natural 9 (F#) no Lócrio Natural 9 em oposição a b9 (F) do lócrio que faz uma diferença enorme para o som e a sensação da escala.

O modo lócrio Natural 9 pode ser tocado da seguinte forma na guitarra:

**Exemplo 15a:**

E Locrian Nat 9

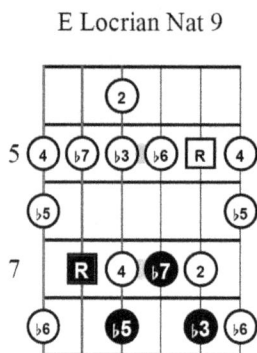

Aprenda essa escala a partir da tônica (E), enquanto visualiza o acorde de Em7b5 que você já conhece.

Como essa é uma escala de sete notas, é extremamente útil adicionar uma oitava nota "bebop". Mais uma vez, essa nota encontra-se entre a b7 e a tônica. A escala Lócria Natural 9 de Bebop é um som extremamente útil no jazz.

**Exemplo 15b:**

E Locrian Nat 9

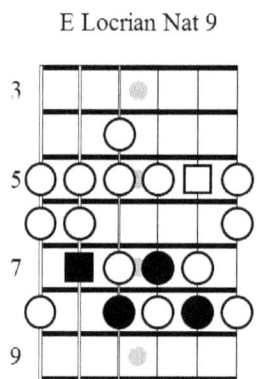

No diagrama do braço, a escala Lócria Natural 9 é mostrada em torno das notas de um arpejo de Em7b5.

Quando tiver aprendido a escala, toque linhas ascendentes e descendentes a partir de qualquer nota do arpejo de Em7b5 para ajudá-lo a internalizar o fato de que tocar a escala em colcheias a partir de uma nota do arpejo sempre deixará uma nota do arpejo em um tempo forte.

Faça isso sobre um acorde de Em7b5 estático (faixa de fundo 8) para acostumar seus ouvidos à nota natural 9. Você pode querer tratar esse exercício não só como o aprendizado de uma nova escala. Você pode vê-lo como uma escala "E" lócria "normal" e subir o 2º grau toda vez. Veja alguns exemplos abaixo:

**Exemplos de 15c - 15d:**

**Exemplos 15e - 15f:**

Se a escala Lócria Natural 9 for um som novo para você, passe algum tempo aqui escrevendo e tocando suas próprias linhas originais. Lembre-se de focar nas notas do acorde nos tempos e deixar as notas da escala nos contratempos.

Ao usar a escala Lócria Natural 9 sobre o acorde ii, minha preferência natural parece ser a escala Alterada no acorde V. Tente várias opções e veja qual é a sua favorita. Aqui estão algumas linhas de ii V i menores que usam o Lócrio Natural 9 e, em seguida, mudam para várias escalas diferentes no acorde V.

**Exemplo 15g:**

O exemplo 15g desce a escala Lócria Natural 9 Bebop e segue para a 3ª maior do acorde de A7, antes de subir para o arpejo de Bbmin/Maj7 e descer a escala Alterada para o b3 do acorde de Dm7.

**Exemplo 15h:**

No exemplo 15h, eu uso uma nota de passagem cromática (bebop) para focar na tônica do acorde de A7. Em seguida, desço a escala Frígia Dominante Bebop para chegar na 5ª do "D" menor.

**Exemplo 15i:**

Novamente, começando com a escala Lócria Natural 9 Bebop, eu uso conscientemente a mesma forma melódica nos acordes Em7b5 e A7. Resolvendo a linha para o b7 da escala D eólia Bebop.

**Exemplo 15j:**

O exemplo 15j é uma linha escrita na oitava grave com uma grande quantidade de cromatismos criados pela interligação entre escalas de bebop. Aqui, eu foquei no b7 da escala Frígia Dominante de Bebop no acorde V.

# A Escala Menor Melódica

Até agora, nós só vimos o uso de uma escala sobre o acorde tônica: a escala Eólia. Outra opção comumente utilizada é a escala menor melódica. Já que vimos como usar os modos da escala menor melódica nos acordes ii e V, é adequado estudar a escala menor melódica sobre o acorde i.

Embora a menor melódica como um ponto de resolução para o ii V i menor seja uma questão de gosto pessoal, entender a teoria e aplicação disso nos permite acessar um dos dispositivos melódicos mais fortes e úteis para os músicos usarem em um ii V i menor.

A Escala Menor Melódica tem os intervalos:

1 2 b3 4 5 6 7

Na tonalidade de "D" menor, obtemos as notas mostradas no **Exemplo 16a:**

D Melodic Minor

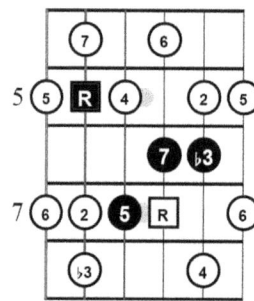

Você imediatamente verá duas grandes diferenças entre a escala menor melódica e o modo eólio, que temos usado até agora. A Escala Menor Melódica *não* tem um b7 e *realmente* tem uma 6ª Natural.

Pensando na formação da progressão menor ii V i, a escala matriz original era a escala Menor Harmônica, que tem um grau natural 7, por isso nosso ouvido aceitará a nota se a utilizarmos fora do tempo.

A 6ª natural (B) é um pouco mais dissonante para os nossos ouvidos quando pensamos que até agora temos usado a nota Bb nos acordes ii e V. No entanto, quando eu fiz perguntas como essa, a resposta foi sempre a mesma. "Você só precisa comprometer-se com a ideia. Se você tocar com força e no tempo, seu fraseado vai dar certo".

Esse é um bom conselho em todas as esferas da vida, mas especialmente na música. Comprometa-se com o que você está fazendo e faça com confiança.

Uma das coisas que realmente podem ajudar a levar a 6ª natural na menor melódica é adicionar uma nota de bebop b6. Fazendo isso, tratamos a 6ª natural como nota do acorde, colocando-a em um tempo forte. Isso também empurra a 7ª natural para o contratempo, o que evita o choque entre a b7 no acorde de Dm7 e a natural 7 na escala.

Ao fazer isso estamos dando muita atenção para a 6ª natural, mas isso pode funcionar muito bem.

Estude e aprenda a Escala Menor Melódica Bebop de "D". As notas que são tocadas nos tempos (1, b3, 5 e 6) estão destacadas.

**Exemplo 16b:**

Aprenda essa escala completamente e toque-a sobre um acorde de Dm7 estático (faixa de fundo 9). A posição dos dedos é um pouco estranha, então vá devagar e domine isso bem antes de tentar aprender a escala em duas oitavas, conforme mostrado no **exemplo 16c:**

D Melodic Minor Bebop

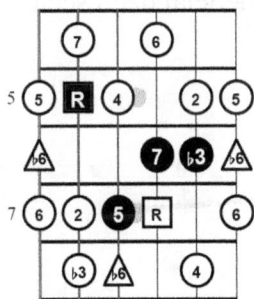

Para começar, vamos estudar algumas ideias melódicas fortes em torno da escala menor melódica Bebop. Todas essas ideias podem ser tocadas sobre o acorde tônica de qualquer lick ii V i menor que você conheça.

Tente os seguintes exemplos sobre a faixa de fundo 9. Um acorde de Dm7 estático.

**Exemplos 16d - 16i:**

O exemplo 16d é uma simples ideia descendente a partir da 5ª.

O exemplo 16e desce e, depois, sobe a partir da tônica de Dm7.

O exemplo 16f é uma linha parcialmente sequencial decrescente a partir da 6ª.

O exemplo 16g é uma linha ascendente mais longa da tônica até a 6ª, com um final clássico de bebop.

No exemplo 16h, você sobe a partir do b3 de Dm7 e, finalmente, no exemplo 16i, tomamos uma ideia de escala parcialmente sequencial a partir da 5ª até o b3.

**16i**

Como sempre, quanto mais tempo você gastar estudando essa escala, escrevendo linhas e tocando com as faixas de apoio de velocidades diferentes, mais você terá ideias em relação ao seu som e sentimento. Essa forma da escala pode ser um pouco estranha, por isso trate a tablatura apenas como um dedilhado sugerido. Se você encontrar sua própria maneira de tocar essas linhas, seu fraseado mudará e você irá desenvolver sua própria identidade musical.

As linhas seguintes são frases completas de ii V i menor que usam uma gama de diferentes abordagens nos dois primeiros acordes, mas tudo sendo resolvido na escala Menor Melódica Bebop de "D".

**Exemplo 16j:**

**Exemplo 16k:**

**Exemplo 16l:**

**Exemplo 16m:**

Aqui estão algumas linhas curtas de ii V i, usando a mesma abordagem.

**Exemplo 16n:**

**Exemplo 16o:**

A escala menor melódica pode certamente ser uma questão de gosto no início, mas depois de algum tempo com ela, aquela natural 6 irá soar confortável em seus ouvidos. Ser capaz de usar a menor melódica dessa forma, abre as portas para algumas abordagens muito excitantes ou "truques" que você pode usar para formar movimentos fortes e sequenciais pelo braço da guitarra.

Tudo se tornará claro no próximo capítulo.

# A Melhor Dica no Livro: Linhas Móveis em Terças

Se você voltar e rever o capítulo sobre o modo lócrio natural 9, você verá que a escala *matriz* de E lócrio natural 9 é **G menor melódica**. (*"E" lócrio natural 9 é o modo seis de* G menor melódico).

Você também vai se lembrar que a escala Alterada de "A" é o 7º modo da **menor melódica de Bb**.

Uma abordagem melódica extremamente forte para solar sobre Em7b5 – A7 é *pensar* em "G" menor melódica se movendo para "Bb" menor melódica.

Lembre-se que o arpejo 3-9 estendido para Em7b5 formou um acorde de **Gm7** e que podemos usar um arpejo de **Bbmin/Maj7** para realçar algumas notas interessantes da escala Alterada de "A".

Ouça o **exemplo 17a**:

Mesmo que eu esteja simplesmente tocando através de duas escalas menores melódicas, você pode ouvir as mesmas tensões usadas no "E" lócrio Natural 9 e na escala alterada de "A".

Para reiterar: "G" menor melódica tem todas as notas de E lócrio natural 9 e "Bb" menor melódica tem todas as notas da escala Alterada de "A".

A *distância* entre as notas G e Bb é uma *3ª menor*.

Isso significa que podemos tocar qualquer linha forte de "G" menor melódica sobre Eb7m5 e, simplesmente, transportá-la uma b3ª (3 trastes) para tocar uma linha menor melódica de "Bb". Essa é uma abordagem *extremamente* comum para um ii V i menor. Para deixar as coisas simples, vamos usar o posicionamento de dedos de "G" melódica menor, mostrado no **exemplo 17b**:

G Melodic Minor

amos começar treinando um ii V i menor "lento" para nos ajudar a ilustrar esse conceito. Primeiro, eu vou formar uma linha a partir de "G" menor melódica:

**Exemplo 17c:**

Agora, eu simplesmente mudarei essa ideia três trastes acima para criar a linha de "Bb" melódica menor / "A" Alterada:

**Exemplo 17d:**

Para resolver a linha, eu só foco na nota mais próxima de um arpejo de Dm7. No entanto, como veremos em breve, podemos mudar esse padrão novamente para tocar uma escala de "D" menor melódica.

Aqui estão alguns exemplos da abordagem de transposição do b3 para solar no Em7b5 e A7(alterada).

**Exemplos 17e - 17f:**

Nos quatro exemplos anteriores, eu peguei uma sequência a partir da escala de "G" menor melódica (E lócrio natural 9) e, simplesmente, desloquei-a por três trastes para uma linha de "Bb" melódica menor (A alterada). Como você pode ver, a primeira nota no compasso de A7 está sempre três trastes acima da primeira nota no compasso de Em7b5.

**Nossa regra é esta:**

*Toque uma linha melódica menor a partir do b3 do acorde ii. Mova sua linha acima por três trastes para o acorde V.*

Ou você poderia simplesmente tocar o lócrio natural 9 no acorde ii e, então, subir três trastes no acorde V.

Eu realmente gosto de deslizar pelo braço da guitarra dessa forma. Para mim, a direção geral dos acordes ii V i sempre parece ser descendente.

Usando os métodos descritos neste capítulo, somos facilmente capazes de criar *movimento contrário* ascendente em nossos solos.

## Resolvendo na Escala Menor Melódica

Até agora, você tem resolvido essas linhas melódicas menores como deseja. No entanto, agora resolveremos as linhas em "D" melódica menor usando um poderoso conceito.

Atualmente, estamos tocando a escala menor melódica de "Bb" sobre o acorde A7. *A escala de "D" menor melódica é uma 3ª menor acima da escala menor melódica de "Bb".*

Qualquer linha de "Bb" menor melódica pode ser deslocada por uma **3ª maior** (4 trastes), para tornar-se uma linha em "D" menor melódica.

Podemos ver isso em ação no **exemplo 17i:**

Escute e toque o exemplo anterior com uma faixa de fundo para sentir esse conceito.

Experimente a seguinte linha menor ii V i, usando o conceito de 3ª no **exemplo 17j:**

Esta linha começa da mesma forma que o exemplo 17d, porém no acorde de Dm7, eu desvio a linha de A7 por uma 3ª maior. Em outras palavras, a primeira nota em Dm7 está quatro trastes acima da primeira nota em A7.

Essa mudança de 3ª maior acima, sempre resolverá suas linhas ii V i menores quando você usar a escala Alterada no acorde V e é muito mais forte se vier da mudança da 3ª menor de Em7b5 para A7.

A regra que criamos agora é esta:

Toque uma linha melódica menor a partir do b3 do acorde iim7b5. Mova essa linha acima por uma b3ª para o acorde V7. Para resolver a frase, mova a linha acima por uma 3ª maior para tocar a tônica da menor melódica.

Para internalizar esse conceito importante, tente resolver os exemplos 17e - 17h deslocando a frase de A7 por uma 3ª maior.

O primeiro deles está feito para você no **exemplo 17k:**

Claro, você não precisa começar seu padrão na "mesma" nota quando mudar de posição. Aqui estão algumas linhas que ainda mudam da forma que estudamos, mas movem-se de forma mais suave de uma posição para outra.

**Exemplo 17l:**

**Exemplo 17m:**

# Mudando de Tonalidade e Solos Longos

Como você já deve estar ciente, as progressões de acordes de jazz raramente são estáticas e mudam frequentemente de tonalidade, muitas vezes no espaço de apenas alguns compassos. Embora seja um objetivo importante ser capaz de mudar a tonalidade focando notas de arpejo apropriadas em qualquer posição na guitarra, por enquanto podemos focar em algumas técnicas úteis para transpor as ideias que já sabemos em novas tonalidades, simplesmente alterando a posição no braço.

O segredo é aprender todas as nossas linhas e padrões a partir de notas do arpejo específicas em relação a uma abertura dos acordes.

Como um exemplo, veja a seguinte progressão de acordes. Ela tem duas progressões menores ii V i. A primeira está na tonalidade de "D" menor, e a segunda está na tonalidade de "F" menor.

Nós usaremos o lick do **exemplo 18a** para solar sobre essas progressões de acordes.

Essa linha começa na nota "G", que é a b3ª do acorde de Em7. Lembre-se que você pode tocá-la de memória.

Agora, vamos nos lembrar de como o acorde de Em7b5 e o arpejo ficam na guitarra:

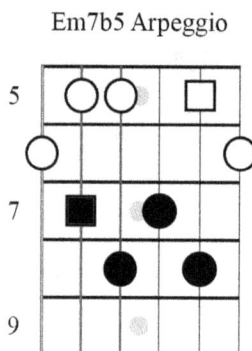

Em7b5 Arpeggio

Como você pode ver, o lick no exemplo 18a começa a partir de uma nota do acorde, o ponto preenchido na segunda corda. Visualize esse acorde enquanto você toca as 8 primeiras notas da linha.

Saber onde essa linha começa em relação ao acorde que estamos visualizando nos ajuda quando mudamos as tonalidades. Tudo que temos de fazer é traduzir a forma dos acordes e começar nosso lick a partir da mesma nota do acorde. Vamos tocar automaticamente a mesma linha em uma tonalidade diferente. É como se movimentar pelo braço com pestanas.

Toque o acorde acima no 10º traste da sua guitarra. Agora é um Gm7b5. Toque o mesmo lick novamente, mas agora transporte-o pelo braço para que ele comece na nota equivalente do acorde Gm7b5 (décimo primeiro traste da segunda corda).

**Exemplo 18b:**

Quando você puder tocar essa linha na nova posição, toque os exemplos 18a e 18b com a faixa 10, conforme mostrado no **exemplo 18c:**

Usando esse método podemos facilmente aprender a focar nas progressões.

Tente o **exemplo 18d:**

Esse lick começa a partir da tônica do acorde de Em7b5 e usa a escala dominante frígia bebop. Quando você tiver memorizado, tente transpor isso para ser um lick ii V i menor na tonalidade de "F" menor, como fizemos antes.

Tente não "trapacear" e veja a resposta no exemplo a seguir apenas se você realmente precisar. Simplesmente visualize a linha a partir da tônica da forma do m7b5 e deslize o acorde pelo braço até o 10° traste: Gm7b5.

**Exemplo 18e:**

Agora para algo um pouco mais complicado: Vamos usar a linha do *18d para o ii V i em D* e a linha do *18a para solar sobre o ii V i em "F" menor.*

**Exemplo 18f:**

Como você pode ver, através da combinação de linhas diferentes dessa forma, você pode usar licks diversos sobre cada conjunto de acordes. É uma ótima maneira de combinar diferentes conceitos de solos também. Sobre um ii V i, você pode usar uma ideia de escala Alterada, em outro você pode usar uma linha de mixolídio bebop a partir do b3 da dominante. Isso manterá sua forma de tocar interessante e cheia de novos sons.

A minha sugestão é inicialmente aprender ou escrever dois licks para cada nota do arpejo do acorde de Em7b5 (1, b3, b5, b7), um subindo e outro descendo. Isso te dá um mínimo de oito linhas para tocar em um ii V i.

Eu selecionei algumas linhas como um bom ponto de partida para você, mas sinta-se livre para escolher as suas favoritas do livro. Melhor ainda: escreva seus próprios licks para que seu modo de tocar seja original e expresse a *sua* personalidade musical.

(A linha anterior começa a partir da 3ª de A7)

Sobre progressões rápidas e curtas, você pode aprender suas linhas em torno da forma dos arpejos/acordes para o acorde dominante, já que vemos normalmente o acorde ii(m7b5) como um dominante suspenso, o que você viu anteriormente.

Usando essa abordagem, você vai aprender a misturar muitos conceitos musicais diferentes quando solar em progressões de acordes ii V i menor. A melhor coisa é que suas linhas naturalmente começarão a se combinar umas com as outras e se tornarão exclusivas para você. Seus ouvidos vão começar a guiá-lo e você pode tocar licks completos.

As linhas neste livro não são *"Os Licks"* que você tem obrigação de saber. Elas são simplesmente minhas demonstrações de como aplicar diferentes conceitos melódicos da guitarra em uma posição. Nós nem mesmo *mencionamos* ainda o ritmo!

O meu conselho é tratar tudo o que ler e tocar nesse livro como treinamento de ouvido. Somente através do desenvolvimento de nossos ouvidos podemos ter acesso ao que verdadeiramente queremos expressar.

# Aplicações em Diferentes Posições do Braço da Guitarra

Acredito firmemente que aprender a solar sobre mudanças de acordes de jazz em uma posição do braço é a maneira mais rápida e mais eficiente de criar um repertório melódico bom e articulado. Isso não apenas nos ensina os conceitos, também treina nossos ouvidos para ouvi-los e sermos capazes de produzi-los inconscientemente. Remover todas as distrações possíveis das diferentes posições no braço da guitarra, deixa-nos focados e motivados para atingirmos nossos objetivos.

Quando estiver pronto para explorar outras posições no braço da guitarra, recomendo que escolha uma tonalidade diferente para trabalhar. Nesse capítulo, eu vou dar a você todas as ferramentas que precisa para aplicar os conceitos em um **ii V i em "G" menor**, no entanto, é seu trabalho aplicá-las. Você vai aprender mais assim do que qualquer livro pode te ensinar.

Aqui, o acorde ii(m7b5) situa-se na sexta corda, o acorde V(7) está na quinta corda e a tônica está localizada na sexta corda.

F Mixolydian Bebop
D Altered Scale
EbmMaj7 Arpeggio
A Locrian Bebop
A Locrian Natural 9 Bebop
G Melodic Minor Bebop

Como sempre, a ordem dos dedos na tablatura são apenas sugestões. Vá devagar e internalize uma ideia antes de seguir em frente.

As páginas anteriores podem parecer bastante assustadores. No entanto, não há nada aqui que você já não tenha visto em uma posição diferente do braço, no início deste livro. Gostaria de sugerir que você treine o livro inteiro de novo, mas substitua as escalas e arpejos anteriores pelos listados aqui.

# Conclusões e Lições

Há uma quantidade colossal de informações neste livro que me tomaram anos para estudar e incorporar em minha forma de tocar. Eu uso algumas ideias mais do que outras e, certamente, tenho minhas favoritas.

Uma coisa que a maioria dos estudantes parece esquecer quando aprendem a tocar solos de jazz na guitarra é que a melodia deve inspirar o solo. Muitos músicos terminam de tocar a cabeça da melodia e, em seguida, tratam os próximos 32 compassos como uma tela em branco para exibirem todos os seus licks. Isso não é uma abordagem musical para solos de guitarra de jazz.

O primeiro passo para aprender uma música é simplesmente: APRENDER A MELODIA! Depois, aprender os acordes. Seus solos melhorarão muito por ter a melodia fortemente em seus ouvidos, você não só terá uma melodia para enfeitar, também terá as notas alvo mais fortes da música na sua cabeça.

Se você estiver tocando um tema de jazz, por que não aprender a letra e cantar enquanto estiver tocando? Isso irá ajudá-lo a internalizar profundamente a melodia, acordes e a forma, ajudando-o a nunca se "perder" nas progressões.

Saber a melodia de cabeça, também irá guiá-lo para os conceitos de solos mais adequados de se usar. Se a música tiver fortemente ressaltado o Frígio Dominante, você acha realmente que a melhor coisa a fazer é começar a usar imediatamente as ideias da escala Alterada?

Não há certo ou errado porque a música é subjetiva, mas minha tendência seria solar usando as escalas a partir das quais a canção foi construída a princípio, antes de passar para conceitos mais harmonicamente distantes em outras partes.

Além disso, conheça seu gênero. A abordagem do bebop baseia-se fortemente em torno de arpejos apropriados com notas de aproximação cromática. Outras formas de jazz são menos assim. Seus ouvidos, não os dedos, são sua melhor arma aqui: escute como vários músicos diferentes abordam a música que você está aprendendo. Tente transcrever um refrão ou apenas um ou dois licks.

É melhor ter um conceito bem dominado do que tentar dar um passo maior do que as pernas. Quando for hora de solar, você vai tocar suas linhas com confiança e no tempo. Pensar em todas as diferentes possibilidades que você *poderia* estar usando acaba te distraindo do nosso único objetivo: expressividade.

Foque-se na ideia. É melhor tocar algumas notas "erradas" em um solo confiante que centenas de notas fracas, inseguras e desarticuladas porque você está pensando demais. Acredite em mim: eu sofri com isso durante anos.

Em caso de dúvida, seja simples e **comprometa-se com a ideia.**

Algumas boas músicas de ii V i menor para começar, são:

*Softly as in a Morning Sunrise, Alone Together* e *Stella, de Starlight*

Meu melhor conselho é aplicar qualquer novo conceito de solo a uma música real assim que você puder.

Isso fará a teoria ganhar vida e ajudará a internalizar cada som em um ambiente realista. Se você aprender apenas um conceito isoladamente, você perceberá que a ideia é difícil de "encaixar" em uma situação de performance ao vivo. Se acostume com essas ideias tocando músicas de verdade.

Divirta-se!